£2.99

CES GAFFEURS
QUI NOUS GOUVERNENT

Alberto Toscano

Ces gaffeurs qui nous gouvernent

Fayard

Couverture : cedric@scandella.fr
Illustration : © Louison

Dépôt légal 2011

ISBN : 978-2-213-66234-3
© Librairie Arthème Fayard, 2011.

Préface

Pour devenir numéro 1 du Fonds monétaire international (FMI), il faut avoir les idées très claires. Le 17 octobre 2010, Christine Lagarde, alors patronne de Bercy, affirmait sur la chaîne Canal + : « Le jour où on sortira de la crise, on en sera certain parce que l'économie française recommencera à créer des impôts ! » Voilà une idée on ne peut plus sincère, sortie tout droit de son inconscient. Naturellement, la ministre voulait dire « emplois » et non « impôts » mais le lapsus était approprié. Sur le même fauteuil de ministre de l'Économie et des Finances, le socialiste Pierre Bérégovoy avait, lui, annoncé aux Français la décision de « baiser les impôts sur les sociétés ».

Pour revenir à Christine Lagarde, son lapsus sur Canal + est l'exemple merveilleux d'une vérité qui sort de façon involontaire de la bouche d'un responsable politique. Depuis l'avènement des théories de Freud (1856-1939), on a compris que les lapsus méritent d'être pris très au sérieux en tant que révélateurs de la pensée profonde d'une personne. Quand, le 6 juin 2011, la secrétaire d'État américaine Hillary Clinton reçoit son homologue français Alain Juppé à Washington et se trompe sur sa responsabilité institutionnelle (en l'appelant une première fois « président » puis « Premier ministre »), elle révèle tout simplement le peu d'intérêt que les États-Unis portent à la vie politique de l'Hexagone.

Freud a conféré une dignité scientifique et politique aux lapsus. Dans *Psychopathologie de la vie quotidienne*, il affirme : « Si les matériaux usuels de nos discours et de nos conversations dans notre langue maternelle semblent préservés contre l'oubli, leur emploi en est d'autant plus fréquemment sujet à un autre trouble, connu sous le nom de lapsus[1]. » Et d'évoquer notamment l'exemple d'un lapsus politique amusant et ô combien significatif qui eut lieu en novembre 1906 dans l'enceinte prestigieuse du Reichstag de Berlin. Le député nationaliste et antisémite Wilhelm Lattmann, de la formation politique Deutschsoziale Antisemitische Partei, prend la parole dans l'hémicycle pour affirmer qu'il faut communiquer la vérité « sans

---

1. Chapitre V, « Les Lapsus ».

ménagement » à l'empereur. L'expression allemande que Lattmann veut employer pour exprimer ce concept est *rückhaltlos*. Mais dans son discours il dit : *rückgratlos*, ce qui signifie « l'échine courbée ». Voilà comment il veut s'adresser à l'empereur : l'échine courbée. Freud remarque que ce lapsus a provoqué une « hilarité bruyante qui a duré plusieurs minutes ». Lattmann, confus, ne sait plus que dire et en appelle finalement à l'indulgence de l'empereur.

Le lapsus freudien est l'une des gaffes les plus fréquentes chez les personnalités politiques. Dans le cas de certains hommes politiques – comme Silvio Berlusconi en Italie ou Nicolas Sarkozy en France –, on a parfois l'impression que le lapsus, théoriquement involontaire, ne l'est pas toujours… mais résulte davantage d'un savant jeu de miroirs entre volonté et hasard, conscient et inconscient. Répondant à une question de Laurence Ferrari sur l'affaire Clearstream, Nicolas Sarkozy dit en septembre 2010 : « Au bout de deux ans d'enquête, deux juges indépendants ont estimé que les coupables devaient être traduits devant un tribunal correctionnel… » Nicolas Sarkozy est avocat et sait très bien qu'il y a une différence considérable entre les accusés, traduits devant un tribunal, et les coupables, qui en sortent après un verdict définitif de condamnation. Il sait parfaitement que tout un chacun est présumé innocent jusqu'à sa condamnation définitive. Or, pour répondre à la journaliste, le président prend tout son temps pour choisir ses mots. Peut-on considérer que la confusion entre les termes « accusés » et « coupables » est un vrai lapsus ? En réalité, les gaffes des personnalités politiques peuvent trahir l'existence d'un message difficile, voire impossible à exprimer au premier degré. Dans le cas de Nicolas Sarkozy, ce dernier est clair : il n'oubliera jamais ce qu'il qualifia d'une cabbale dans l'espoir de lui barrer le chemin vers l'Élysée.

Une autre catégorie de gaffe assez fréquente en politique est celle du discours en aparté, à micro ouvert. Évidemment, l'intéressé croit parler à son voisin micro fermé et s'exprime alors librement, se livrant à des confidences qui sont en réalité écoutées par un grand nombre de personnes. Ainsi, le 6 novembre 2009, dans un théâtre de la ville italienne de Pescara, se déroule la cérémonie de l'attribution du Premio Borsellino, prix créé à la mémoire du magistrat Paolo Borsellino, assassiné par la Mafia à Palerme en 1992, à l'âge de cinquante-deux ans. Tandis qu'un orateur prenait la parole, le président de la Chambre des députés, Gianfranco Fini, et le procureur de la République de Pescara, Nicola Trifuoggi, ont échangé micros ouverts des considérations très personnelles à propos du chef du gouvernement, Silvio Berlusconi. Fini est encore dans le parti de Berlusconi mais les rapports entre les deux hommes sont très tendus. Lors de cet aparté devenu public, Fini a laissé entendre à Trifuoggi que le mafieux repenti Gaspare Spatuzza pourrait faire des déclarations très dangereuses pour ce dernier, et qui seraient « une bombe atomique » pour le président du Conseil. Puis il a livré son point de vue sur ce dernier : « Ce personnage confond le consensus populaire, dont bien sûr il bénéficie et grâce auquel il est légitime pour gouverner, avec une immunité vis-à-vis de toute autorité, telle que la magistrature, la Cour des comptes, la Cour de cassation, le chef de l'État ou le Parlement. Étant élu par le peuple [...] il confond leadership et monarchie absolue. » Fini n'aurait jamais dû prononcer cette phrase en public. Grâce à Internet, l'enregistrement de sa conversation a fait le tour du pays et accéléré sa rupture avec Berlusconi. Car la toile joue aujourd'hui un rôle fondamental dans la propagation de ces fameux « off ». Une fois sur le Net, la gaffe n'est plus contrôlable par celui qui l'a commise ni par celui qui l'a diffusée. Son auteur doit alors faire face en essayant d'en neutraliser les risques ou alors d'en percevoir des bénéfices. Le gaffeur doit mettre en place un « service après-vente », nécessitant parfois la mobilisation de puissants bureaux de communication. Ainsi l'effet d'une bourde ou d'une gaffe peut se retourner, et, parce qu'elle montre une faiblesse de caractère, peut au final contribuer à révéler un visage plus humain de l'intéressé(e). Dans le contexte politique actuel, personne n'est à l'abri d'une gaffe. L'important est de savoir affronter avec style les situations les plus délicates.

La gaffe est à mon avis un véritable instrument de contrôle démocratique, en ce qu'elle donne à voir au peuple les méandres parfois tortueux de l'esprit de ses gouvernants. Lors du G7 de 1992 à Munich, le chancelier Helmut Kohl dit à une personnalité étrangère : « J'ai été au pouvoir plus longtemps que tous les chanceliers de l'après-guerre ; maintenant il ne me reste plus qu'à dépasser Bismarck. » Il paraît que cette comparaison avec Bismarck est revenue à plusieurs reprises chez Kohl. Les noms des deux hommes renvoient chacun à une réunification allemande, dans des circonstances certes différentes. Mais Kohl n'a tout de même pas employé une phrase que Bismarck répétait souvent. Une maxime très appropriée pour l'Europe du XXIe siècle tout comme pour celle du XIXe siècle : « Les lois sont comme les saucisses. Mieux vaut ne pas être là quand elles sont faites. » Au XXIe siècle, les travaux parlementaires sont parfois proposés en direct par les différentes chaînes de télévision, mais le pouvoir continue à cuisiner les lois selon la vieille recette des saucisses chère à Bismarck : on utilise des ingrédients qui dérouteraient le consommateur averti. Heureusement, le citoyen-consommateur, en se limitant à certains débats parlementaires à la télévision, n'en est pas averti. Bismarck a révélé à l'homme de la rue des informations qui l'ont rendu fatalement plus méfiant vis-à-vis du pouvoir politique. De ce point de vue-là, on peut bien dire qu'il a fait une belle gaffe. Mais en était-ce une ?

La gaffe est en outre fille des conventions propres à une société. Le 1er juin 2011, le roi d'Espagne Juan Carlos assiste à Rome à la grande parade militaire pour les 150 ans de l'unité italienne. Berlusconi le prend alors par le bras comme s'il s'agissait de son camarade d'université. Peu après, le président de la République italienne, Giorgio Napolitano, a sermonné le Premier ministre en lui disant qu'il ne fallait jamais toucher les souverains. C'est une question de bonne éducation. Oser le faire constituait une gaffe.

La gaffe est également fille de son époque. En 1967, le général de Gaulle, président de la République, réagit à la proposition de créer un ministère pour la femme ou pour l'égalité des chances entre les deux sexes : « Un ministère de la Condition féminine ? Et pourquoi pas un sous-secrétariat d'État au Tricot ? » On peut imaginer combien de voix seraient perdues aujourd'hui par un chef d'État français qui prononcerait ces mots. Ce serait une gaffe monumentale. Mais la France a longtemps été un pays particulièrement arriéré sur le terrain de la parité. Le Front populaire de 1936 a imposé les congés payés mais n'a pas donné le droit de vote aux femmes. Le Parlement français a attendu 1965 pour voter une loi permettant aux femmes mariées de travailler et d'ouvrir un compte bancaire sans l'autorisation de leurs maris.

Le terme de « gaffe » est international même si les Espagnols utilisent une expression particulière : *metida de patas*, qui rappelle l'expression française « mettre les pieds dans le plat ». Si nous recherchons ce mot dans un vieux dictionnaire, la réponse est la suivante : « Gaffe (orig. celtique) : longue perche terminée par un fer à deux branches, l'une à droite, un peu pointue, l'autre recourbée en forme de croc, et dont les matelots se servent pour pousser les embarcations au large. » À l'origine, la « gaffe » est donc une perche utilisée par les matelots ; « tenir à distance de gaffe » signifie éviter un rapprochement excessif, voire dangereux. Si nous nous reportons aux dictionnaires contemporains, nous voyons que le mot français « gaffe » est utilisé en plusieurs langues (français, allemand, anglais, italien, entre autres) pour indiquer une bêtise, amusante ou non. À vrai dire, les Anglo-Saxons utilisent volontiers, pour exprimer le même concept, une autre expression française : « faux pas ». Les Français parlent aussi de « bourdes » ou encore de « boulettes ».

Le caractère et les gaffes d'un célèbre animateur de la télévision italienne d'après guerre, Mike Bongiorno, ont été étudiés par Umberto Eco dans son essai paru en français sous le titre *Pastiches et*

PRÉFACE

postiches[1] : « Au fond, la gaffe naît toujours d'un mouvement de sincérité non voilée ; quand la sincérité est voulue, il n'y a pas gaffe, mais défi et provocation. La gaffe [...] se produit justement quand on est sincère par erreur et par inadvertance. Plus il est médiocre, et plus l'homme médiocre est maladroit. »

---

1. Chapitre « Phénoménologie de Mike Bongiorno », Grasset, 2005.

I

UNE FARANDOLE TRÈS FREUDIENNE

Rachida Dati et le danger de l'inflation

French politician confuses inflation with fellatio, écrit une agence de presse américaine. *Rachida Dati, France's former justice minister, is battling to rebuild her reputation after making an embarrassing sex gaffe in a television interview about the economy* (« L'ancien ministre de la Justice française, Rachida Dati, essaie de relancer sa réputation après une gaffe gênante à caractère sexuel lors d'une interview télévisée au sujet de l'économie »), affirme le quotidien britannique *The Telegraph*. Rachida Dati *had confused oral sex with rising prices as she launched an attack on foreign investment funds* (Mme Dati « a confondu sexe oral et augmentation des prix en lançant une attaque contre les fonds d'investissement »), écrit le quotidien *Gulf Daily News*, la voix du Bahreïn, pays où on ne plaisante pas avec les gros capitaux. Chacun commente à sa guise la gaffe de l'ancienne garde des Sceaux. Mais grâce à elle, malgré la crise, la sécheresse, les tsunamis, le réchauffement climatique, le froid en Bourse, la pollution de l'air ou encore les épidémies, le monde entier aura souri.

Rappelons, pour ceux qui l'auraient oublié, le contexte de la gaffe savoureuse de Rachida Dati. Celle-ci a connu une ascension fulgurante aux côtés de Nicolas Sarkozy. Devenue porte-parole du candidat à la présidentielle puis ministre de la Justice, elle a été assez rapidement marginalisée et exilée au Parlement européen. Rachida s'y est sentie oubliée. Elle ne passait plus à la télévision ni à la radio, ce qui pour une personnalité politique est une sorte de négation de son existence.

Finalement, un jour, on invite l'ex-ministre à l'une des plus importantes émissions politiques du petit écran. Voici venue pour elle l'occasion de rebondir. C'est un véritable examen. Un « grand oral ». Le 26 septembre 2010, elle est l'invitée d'Anne-Sophie Lapix dans l'émission politique de Canal +, « Dimanche + ». Plus belle que jamais, Mme Dati se lance dans une attaque en règle de certains fonds d'investissement étrangers : « Et, de plus en plus, ces fonds d'investissement étrangers n'ont pour seul objectif que la rentabilité financière à des taux excessifs. Quand je vois certains qui demandent une rentabilité à 20 ou 25 % avec une fellation quasi nulle – et en particulier en période de crise –, ça veut dire qu'on casse les entreprises. » Fellation à la place d'inflation ! Le mal est fait. L'interchangeabilité entre les termes « inflation » et « fellation » apparaît comme un rayon de soleil dans la vie des analystes économiques et financiers.

Le cru 2009 des gaffes de Rachida Dati n'avait aucune connotation psychanalytique. L'ex-garde des Sceaux, titulaire de la double casquette de députée européenne et de maire du VIIe arrondissement de Paris, est tombée dans le vieux piège du microphone ouvert, en l'occurence le micro-cravate d'une chaîne de télévision avec laquelle elle avait passé un accord pour un reportage sur son travail. Se croyant à l'abri des oreilles indiscrètes, elle parle librement. En décembre 2009, donc, Rachida Dati téléphone à une amie pour lui dire combien elle s'ennuie en tant que députée : « Tu sais où je suis ? Je suis à ma place dans l'hémicycle du Parlement de Strasbourg. Je n'en peux plus. Je n'en peux plus. Je pense qu'il va y avoir un drame avant que je finisse mon mandat. Je suis obligée de faire la maligne parce qu'il y a juste un peu de presse. Et d'autre part il y a l'élection de Barroso. Quand tu es à Strasbourg, on voit si tu votes ou pas. Sinon ça veut dire que tu n'es pas là. » Bien au-delà de la gaffe, ces propos méritent un peu d'attention. Ils montrent combien la vie politique est dure, et même les personnes les plus déterminées à obtenir le succès risquent d'être déstabilisées pendant ces périodes dites de « traversée du désert ». Pour quelqu'un comme Rachida Dati, passée de la gauche au sarkozysme sur la base d'une conversion fulgurante, il n'a certainement pas été facile d'accepter d'être révoquée par son idole de l'Élysée. Elle peut tout de même se consoler avec les lapsus qui suivent, faits par de bons amis du président.

Les « empreintes » d'Hortefeux

Brice Hortefeux, né en 1958 à Neuilly-sur-Seine, est considéré comme l'un des meilleurs gaffeurs de France, au point qu'une célèbre émission de RMC a organisé en janvier 2011 un petit sondage pour choisir son chef-d'œuvre en la matière. Séduit par le penchant gaffeur de celui qui était alors ministre de l'Intérieur, un autre média – *L'Express* – en est arrivé en 2010 à lui prêter une gaffe totalement inventée (s'être trompé sur le nom du président du Mali). L'hebdomadaire a dû ensuite s'excuser auprès du président africain Amadou Toumani Touré, qui aurait été appelé « Sékou Touré », comme le président guinéen décédé en 1984.

Les vraies gaffes de Brice Hortefeux se divisent en deux catégories nettement différentes : celles qui pourraient le rendre sympathique et celles qui le feraient plutôt passer pour antipathique. La meilleure parmi les premières est probablement celle des « empreintes génitales » à la place des « empreintes digitales ». Une gaffe pas méchante. Interrogé en octobre 2010 pendant l'émission « Le Grand Jury RTL-*Le Figaro*-LCI », le ministre de l'Intérieur déclare de façon très sérieuse qu'en France « il y a deux fichiers majeurs : le fichier des empreintes génitales et le fichier des empreintes génétiques ». Il n'a pas précisé de quelle façon les autorités de la République pensaient alimenter le premier... Malheureusement, à l'automne 2010, les politologues français et internationaux n'ont pas étudié avec l'attention nécessaire le lien entre les lapsus des deux ministres précédemment cités.

Après ce lapsus sympathique, il faut observer le dérapage plus méchant du ministre Brice Hortefeux. La scène se déroule le 5 septembre 2009 à Seignosse, dans les Landes, durant l'université d'été de l'UMP. L'atmosphère est à la gaieté et à la plaisanterie. Une jeune militante présente au ministre un ami d'origine nord-africaine en lui disant une phrase comme : « Voilà notre petit Arabe ! » Hortefeux accepte avec un sourire de se faire prendre en photo avec cet étudiant. Il glisse : « Il en faut toujours un. » Puis, à la fin, il pense à haute voix et laisse échapper des mots qui seront ensuite cruellement répercutés par Internet. Des propos blessants qui n'auraient jamais été prononcés si le ministre avait réfléchi à la présence (et à la dangerosité) de tous ces micros autour de lui : « Quand il y en a un ça va. C'est quand il y en a beaucoup qu'il y a des problèmes. » Des mots qui, le 4 juin 2010, vaudront au ministre, qui fera par la suite appel, une condamnation à 750 euros d'amende pour « propos outrageants » envers les Arabes. Le plus bizarre est que, au moment de prononcer la phrase incriminée, Brice Hortefeux venait de suspendre de ses fonctions le préfet Paul Girot de Langlade pour avoir proféré, à l'aéroport d'Orly, la phrase : « On se croirait en Afrique... Il y a que des Noirs ici ! » Le

11 septembre 2009, Girot de Langlade sera mis à la retraite et radié du corps des préfets.

En février 2011, un sketch proposé par les Guignols de Canal + ironisera sur l'attitude du ministre de l'Intérieur Hortefeux au sujet de l'immigration. Les Guignols y montrent le président Nicolas Sarkozy organisant « une réflexion sans tabou » au sommet de l'UMP pour répondre à la question « Quelle est la place de l'Islam en France ? » Première réponse de Brice Hortefeux : « En prison. » Suit une seconde réponse, fruit d'une méditation ultérieure aux airs de vrai programme politique : « La place de l'islam en France est... en Algérie. »

Un avril plein de poissons

Au mois d'avril, même les poissons peuvent arriver en retard. Le 2 avril 2011, l'une des plus fines plumes du milieu sarkozyste, Frédéric Lefebvre, est en train de dédicacer son dernier ouvrage, *Le mieux est l'ami du bien*[1], quand la voix amie d'une journaliste l'interroge sur ses lectures préférées. La réponse aurait pu être : « Toutes les œuvres de notre président ! » Non. Elle sera la suivante : « Le livre qui m'a le plus marqué est *Zadig et Voltaire*. Parce que c'est une leçon de vie et je m'y replonge d'ailleurs assez souvent. » Peut-être Frédéric Lefebvre (ex-porte-parole de l'UMP,

---

1. Le Cherche Midi, 2011.

devenu secrétaire d'État chargé du Commerce, de l'Artisanat, des PME, du Tourisme, des Services, des Professions libérales et de la Consommation) a-t-il essayé de profiter de la situation pour promouvoir le commerce des produits nationaux ; mais la marque de prêt-à-porter Zadig & Voltaire n'a pas grand-chose en commun avec le livre *Zadig ou la Destinée*, écrit en 1748 par François Marie Arouet, plus connu sous le nom de Voltaire. Le lapsus de Frédéric Lefebvre a eu, sans aucun doute, une conséquence très bénéfique pour le niveau de popularité de l'entreprise, dont la notoriété a enregistré un bond en avant extraordinaire. En revanche, il n'est pas certain que l'image de ce membre du gouvernement Fillon en soit sortie grandie aux yeux des ses compatriotes. Heureusement, la journaliste n'a pas voulu connaître les préférences du ministre en matière de littérature étrangère, terrain éminemment glissant pour lui : aurait-il vanté les qualités de l'*Alfa Romeo & Juliette* de Shakespeare ?

En 2011, le terrain est devenu instable pour la gamme Renault après l'immense bourde du mois de janvier : trois cadres de l'ex-régie ont été accusés d'espionnage et mis à pied. C'est le groupe automobile français qui se trouve en mauvaise posture après avoir accusé et condamné (bien avant l'enquête de la magistrature) trois personnes pour des actes d'espionnage qui n'ont en réalité jamais existé. Il a élaboré un roman auquel le gouvernement a prêté foi en faisant croire à l'existence d'un complot planétaire des Chinois pour lui soustraire les brevets d'une voiture électrique en attente d'être déposés. En avril, les choses ont enfin été clarifiées, même si le président du groupe, Carlos Ghosn, est resté à son poste.

Avec Nadine Morano, qui siège au gouvernement aux côtés de Frédéric Lefebvre en tant que ministre chargée de l'Apprentissage et de la Formation professionnelle, on passe de la bourde à la gaffe. Elle participe le 12 avril à l'émission matinale de Canal +. La journaliste la prie de répondre à une série de questions par « j'aime » ou « j'aime pas ». La ministre confond alors le groupe automobile Renault (avec son vrai-faux scandale d'espionnage industriel) et le chanteur Renault. Question de la journaliste de Canal + : « J'aime ou j'aime pas ? Renault : tous coupables, sauf Carlos Ghosn ? » Réponse : « J'aime Renaud sur certaines chansons. Pas toutes. Celle-là, je l'ai pas entendue, donc je ne peux pas vous dire si je l'aime ou pas. » La journaliste précise : « Tous coupables, sauf Carlos Ghosn, ce n'est pas une chanson de Renaud. C'est Renault qui règle ses comptes sur l'affaire d'espionnage ! »

Décidément, dans les gaffes gouvernementales, il existe une loi des séries. Le jour suivant, le 13 avril, le Premier ministre François Fillon prend la parole à l'Assemblée nationale lors de la séance des questions au gouvernement. Il est interpellé par le chef de file des députés UMP, Christian Jacob, au sujet du gaz de schiste, qui figure parmi les « sources non conventionnelles » de gaz naturel et qui anime le débat politique en France. Les écolos de toutes tendances s'opposent à l'exploitation de cette source d'énergie ainsi qu'aux études effectives sur le sol français. Les autorités, qui ont donné les premières autorisations, sont en difficulté. À l'approche de l'élection présidentielle, le gouvernement veut se montrer respectueux de l'environnement. Fillon prend donc la parole pour annoncer officiellement l'annulation des autorisations déjà données d'exploration du gaz de schiste, en réponse à la sollicitation d'un député de son propre parti : l'opération de communication a été évidemment étudiée pour donner l'image d'une UMP sensible à ces questions environnementales. Mais en voulant répondre à Christian Jacob, le Premier ministre fait un lapsus. Il dit « shit » à la place de « schiste ». Plus exactement « gaz de shit » à la place de « gaz de schiste ». Tout dictionnaire d'anglais nous informe que *shit* est un terme vulgaire pour exprimer le mot de Cambronne. Mais chacun sait que dans la *lingua franca* planétaire du XXIe siècle, « shit » signifie cannabis. L'idée du gaz de cannabis se prête pour sa part plus difficilement à une exploitation industrielle...

On se trompe de Premier ministre

Les exemples de lapsus en politique sont très nombreux dans beaucoup de pays démocratiques (dans les autres, la censure les passe sous silence). En juin 2005, à l'époque du gouvernement Villepin (avec Nicolas Sarkozy à l'Intérieur), le ministre de la Justice

Pascal Clément intervient à l'Assemblée nationale et fait un lapsus assez remarqué, provoquant une vague d'hilarité : « Le Premier ministre Nicolas... euh, pardon, Dominique de Villepin [...] est partisan de faire en sorte que nous puissions, dans un délai rapide, proposer aux Français un projet de loi sur la récidive. » Le sujet du débat parlementaire – la récidive – est très sérieux. Le ministre l'a rendu plus léger, ce qui n'a pas dû être au goût de Villepin.

En septembre 2008, la secrétaire d'État chargée de la Politique de la ville, Fadela Amara, invitée d'Anne-Sophie Lapix dans l'émission « Dimanche + », dit que « tout le gouvernement, sous la direction de François Hollande », est mobilisé pour la politique de la ville. En novembre 2010, elle perdra sa place dans le gouvernement de François Fillon. Toujours à l'automne 2010, le ministre de l'Éducation nationale, Luc Chatel, est interrogé sur son avenir politique et déclare : « J'ai toujours fait en sorte de garder du recul et de garder la tête froide. Ce qui me préoccupe, c'est mon domaine ministériel. Le président de la République m'a nommé Premier ministre... euh... ministre de l'Éducation nationale. »

Pour rester en France, on peut aussi rappeler la phrase prononcée par François Bayrou le 29 avril 1995, pendant la campagne présidentielle : « Je peux trahir, pardon, traduire ma pensée... » Au mois de mars 2009, Bayrou lance dans un meeting à Paris, à la Maison de la chimie, la campagne de son nouveau parti pour les élections européennes de la même année. Mais il se trompe d'élection et assène : « C'est cet autre monde que nous allons défendre pendant l'élection présidentielle. » Remue-ménage dans la salle, et le leader du Modem ajoute : « Comme vous le savez, les lapsus sont révélateurs. Mais ne vous trompez pas. L'effort que je vous demande, ce n'est pas pour 2012. C'est pour maintenant. » Freud apprécierait. Citons enfin cette bourde de juin 1995, lors du sommet du G7 à Halifax, au Canada. Le ministre français des Affaires étrangères, Hervé de Charette, y affirme avec solennité : « Les ministres de l'Économie et des Finances ont abordé les variations érotiques des monnaies... euh... les variations erratiques des monnaies. »

Il n'y a pas de rose sans gaffes

Deux femmes se sont chargées de cultiver l'herbe de la gaffe dans le jardin plein de roses (parfois fanées) du socialisme français : Édith Cresson et Ségolène Royal. La première a théorisé à sa façon le concept du primat de la politique sur l'économie. On lit dans *Les Perles de la République*[1] qu'en 1989, quand elle était ministre des Affaires européennes, Édith Cresson a adressé une phrase très méprisante à son homologue allemand : « Je ne supporte pas qu'on crie dans cette langue ! » Les Anglais et les Français

---

1. Joseph Vebret, éditions de l'Archipel, 2004.

pourraient alors crier dans leur langue, mais les Allemands...

À l'époque où elle était Premier ministre (1991-1992), elle a également dit : « La Bourse, j'en ai rien à cirer. » Les faits ont montré à tous, à gauche comme à droite, qu'il est préférable de ne pas ignorer la finance. « N'en avoir rien à cirer » est à des années-lumière de l'attitude attendue chez un Premier ministre du XXIe siècle. Une autre gaffe d'Édith Cresson aurait pu fleurir dans la bouche de Silvio Berlusconi : « La majorité des hommes [dans les pays anglo-saxons] sont homosexuels – peut-être pas la majorité – mais aux États-Unis, il y en a déjà 25 %, et en Angleterre et en Allemagne c'est bien pareil. Vous ne pouvez pas imaginer ça dans l'histoire de France... Je considère qu'il s'agit d'une sorte de faiblesse. » À chacun les siennes...

En 2006, une autre fille de la rose essaie d'arriver dans l'Olympe de la politique française. Il s'agit de Ségolène Royal. En janvier 2007, alors qu'elle est en voyage en Chine, elle prononce une phrase très ambiguë sur la « rapidité de la justice chinoise » (elle parle de l'efficacité des tribunaux alors que le pays est dénoncé régulièrement pour ses violations des droits de l'homme).

Trichet et les ailes du désir

Le très joli lapsus de Jean-Claude Trichet, à l'époque gouverneur de la Banque de France, m'est resté en mémoire. En 1998, il reçoit au somptueux siège social de l'organisme un groupe de journalistes membres de l'Association de la presse étrangère (APE), dont je suis à ce moment l'un des responsables. Nous nous entretenons avec lui après avoir bien précisé que ses déclarations étaient « off ». Je ne vais pas le trahir si, après tant d'années, je révèle la délicieuse gaffe freudienne qui fut la sienne alors qu'il espérait devenir le « grand argentier » de l'Europe.

Pour comprendre son lapsus, il faut resituer le contexte historique de cette rencontre. Les pays membres de l'Union européenne venaient d'écrire un chapitre fondamental de leur histoire. Le 2 mai 1998, le sommet européen (qui réunit à l'époque quinze chefs d'État ou de gouvernement) a décidé que onze pays adopteraient la monnaie unique : l'Allemagne, l'Autriche, la Belgique, l'Espagne, la Finlande, la France, l'Irlande, l'Italie, le Luxembourg, les Pays-Bas et le Portugal. Pendant la nuit du 2 au 3 mai, l'atmosphère est devenue électrique en raison des exigences de la délégation française (le président de la République Jacques Chirac et le Premier ministre Lionel Jospin) qui réclame le fauteuil de président de la future Banque centrale européenne (BCE) pour Trichet. C'est le Néerlandais Wim Duisenberg qui obtient cette présidence pour huit ans, mais ce dernier promet à la France de n'effectuer qu'un seul mandat (quatre ans) pour céder ensuite sa place à Trichet. Cet engagement officieux et oral est également pris par l'Allemagne et les autres pays européens.

Le souvenir de ce moment tendu est encore vivace quand Trichet nous reçoit à la Banque de France. Face à des dizaines de journalistes, je l'interroge à ce sujet et il se lance dans un long discours, où il glisse la phrase : « Je fais confiance à Wim Wenders. » Gaffe tendre et innocente ! Le lapsus confondant le banquier néerlandais avec le réalisateur allemand Wim Wenders, auteur du film *Les Ailes du désir*, s'avère encore plus croustillant que les croissants de la Banque de France que nous dégustions alors. Étant à côté de M. le gouverneur (personne pleine de qualités), je me permets de lui faire remarquer son délicieux lapsus, ô combien significatif. Il a souri, s'est corrigé et a poursuivi bien sûr son discours comme si de rien n'était. Mais Freud dirait que son inconscient lui a joué un joli tour, en lui faisant comprendre que le désir d'aller à la BCE à la place de Wim Duisenberg avait bien des ailes.

La transition de Duisenberg à Trichet n'aura rien de simple. Elle sera accompagnée d'un choix que l'on pourrait associer à une gaffe mais de nature bien différente de la précédente et que l'on nommerait « syndrome d'Henri IV ». En juin 2003, Trichet est blanchi par le tribunal correctionnel de Paris dans l'« affaire Crédit Lyonnais », où il était accusé en tant qu'ex-directeur du Trésor d'avoir manqué de vigilance concernant les comptes de la banque en question. Cette décision judiciaire était la condition nécessaire pour prendre le fauteuil de Duisenberg (que Trichet appelle « mon cher ami Wim »). L'alternance prend effet en novembre 2003. Trichet est au sommet du pouvoir, tandis que son prédécesseur se résigne à la retraite (il meurt en 2005, à l'âge de soixante-dix ans, en se noyant dans la piscine de sa villa de Faucon, dans le sud de la France).

Tout comme Henri IV pour qui « Paris vaut bien une messe », Jean-Claude Trichet a bien changé de religion au moment de monter sur le trône. Ce grand commis de l'État pour lequel le couple Chirac-Jospin s'était battu en mai 1998 était bien sensible à la logique économique française, à forte connotation sociale. Mais une fois à la BCE, Trichet devient plus allemand que les Allemands. Il interprète à la lettre les statuts de l'organisme, que Berlin avait voulu à son image. Impératif numéro un : défendre la valeur de la monnaie. Impératif numéro deux, découlant du précédent : lutter sans relâche contre l'inflation. C'est au nom de cette « religion allemande » que la BCE a commis, juste avant la crise de l'automne 2008, la plus grande bourde de son histoire : augmenter ses taux directeurs « à cause de la forte inflation » à un moment où il était déjà évident que l'activité économique reculait dans la zone euro. À ce moment précis, l'euro était très fort par rapport aux autres monnaies, mais la BCE a privilégié de façon ostentatoire les vieilles obsessions allemandes face aux craintes bien légitimes d'une augmentation du chômage ressenties par les Français, les Italiens et les autres. Elle a ainsi relevé ses taux quand les autres banques centrales étaient déjà en train de les baisser. « On se souvient de la hausse désastreuse des taux d'intérêt de la BCE, en 2008, juste avant la faillite de

Lehman Brothers et alors que l'économie européenne et mondiale faiblissait déjà évidemment », écrira en mars 2011 le bulletin *Flash Économie* du centre d'analyses financières de Natixis, dirigé par Patrick Artus.

Ensuite, Trichet et la BCE ont changé de cap, en se montrant très efficaces pendant la longue période de la crise économique internationale. Trichet « à l'allemande » est devenu, après la bourde de juillet 2008, une garantie de stabilité pour nos salaires et nos retraites. À Paris, Élysée compris, cette conversion a continué de provoquer quelques perplexités, mais à la fin le compte y était pour tout le monde. « Paris Texas », comme le dirait Wim Wenders, vaut aussi une messe, surtout parce que, à l'époque de Jean-Claude Trichet comme à celle de Wim Duisenberg, la Banque centrale européenne a été un instrument très efficace de lutte contre toute tendance inflationniste. Mais attention : il y a inflation et inflation, comme le dirait Rachida Dati.

II

UNE DIPLOMATIE BIEN PEU DIPLOMATIQUE

L'important est de dire le contraire

Dans les milieux diplomatiques russes, on raconte encore le sourire aux lèvres une anecdote qui s'est produite au siège de l'Onu, à New York, juste après la naissance en octobre 1945 de cette organisation, qui comptait alors cinquante et un membres. Trois de ces derniers faisaient partie d'un seul État : l'Union soviétique, qui en plus de son siège disposait de celui de l'Ukraine et de celui de la Biélorussie. Lors des réunions de commissions de travail, il y avait à l'époque une coutume : le président de la session lisait les noms des pays membres, dont les délégués répondaient « oui » s'ils étaient présents. À l'occasion d'une des toutes premières réunions, le président en charge commence donc par lire la liste des membres, qui l'un après l'autre répondent par l'affirmative. Argentine. Réponse : « Oui ». Australie. Le chef de la délégation est bien présent et clame haut et fort : « Oui ». Biélorussie.

Le chef de la délégation venu de Minsk est bien là et rétorque : « Non ». Le président le regarde et répète : « Biélorussie ». Réponse : « Non ». La scène se rejoue une troisième fois et, à ce moment-là, le président demande une explication au diplomate de l'Est qui, malheureusement, parle assez mal l'anglais et le français. L'épisode prend tout son sens uniquement grâce à l'intervention des membres de la délégation officielle de l'Union soviétique. Le délégué ukrainien avait reçu à son départ une consigne très stricte : celle de voter toujours à l'opposé des pays occidentaux. Il n'avait pas saisi le sens de la question du président de la réunion, mais il avait compris que deux pays proaméricains comme l'Argentine et l'Australie avaient répondu « Oui ». Il a donc dit « Non ».

Voici à présent deux nouvelles gaffes savoureuses au sujet de voyages à l'étranger de personnalités du Kremlin. Entre le 14 et le 21 novembre 1966, Nikolaï Podgorny, membre avec Brejnev et Kossyguine de la « troïka » mise en place après la chute de Khrouchtchev en 1964, fait en Autriche son premier voyage officiel en tant que chef d'État. À Vienne, on lui a tout fait visiter, y compris un marché de produits alimentaires. Podgorny est stupéfié par cette abondance inimaginable de biens de consommation. Il s'en réjouit et dit à l'un de ses collaborateurs : « T'as vu comme ils se sont bien préparés à ma visite ! » Dans sa logique soviétique, cette abondance ne pouvait qu'être exceptionnelle, étant liée à la visite d'un personnage éminent.

Andreï Pavlovich Kirilenko a été l'une des figures les plus célèbres du Comité central du Parti communiste de l'Union soviétique jusqu'à son limogeage en 1982. Peu avant cette date, il a fait une visite officielle en Italie, et, en arrivant dans la capitale, a tenu un discours qui commencait par ces mots : « Je suis heureux de saluer les habitants de la Rome ancienne. » Il est donc encore parfois difficile pour certains de considérer l'Italie comme un pays moderne…

La « botte finale » du camarade Khrouchtchev

En octobre 1960, j'avais douze ans et ma famille venait d'accueillir un nouveau membre : la télévision. Nous vivions – mes parents, ma sœur, la télé et moi – au milieu des champs de maïs, qu'en dialecte on appelait *meliga*. Nous habitions à Galliate, localité de la plaine du Pô où les gens s'organisaient pour voir ensemble les programmes du petit écran. Surtout le quiz mythique « Lascia o raddoppia » (« Quitte ou double »), auquel le cinéma fera référence avec le film *Nous nous sommes tant aimés* d'Ettore Scola. Un soir, le récit du *Telegiornale* (le JT) a laissé une bonne partie de l'Europe et du monde le souffle coupé. Le jour suivant, ce fut à la presse quotidienne de décrire cette scène du chef d'État soviétique Nikita Khrouchtchev (1894-1971) agitant, face à l'Assemblée générale de l'Onu, la chaussure qu'il avait ôtée de son pied droit dans un éclat de violence. Mocassin à la main, l'homme de Moscou fit son numéro d'indigné. Il a levé sa chaussure telle une arme utilisée lors d'un tournoi du Moyen Âge, paraissant menacer le monde entier. Il ne s'arrêta pas là. Soulier à la main, il frappa le banc devant lui et marqua en même temps l'histoire de la politique internationale. Quelle scène ! Quel moment ! Quelle gaffe !

À l'âge de soixante-six ans, Nikita Khrouchtchev remettait ainsi en jeu le pouvoir et le prestige conquis dans les grands moments de sa vie. Le 25 février 1956, il avait déjà sérieusement entaché l'image de son encombrant et moustachu prédécesseur Joseph Staline face aux délégués du XXe congrès du Parti communiste. En septembre 1959, Khrouchtchev avait effectué la première visite d'un leader soviétique aux États-Unis d'Amérique et le monde entier avait parlé de « distension ». Malgré la guerre froide, les relations Est-Ouest devenaient finalement un peu plus tièdes.

Mais ce 12 octobre 1960, la gaffe en forme de chaussure risque de faire reculer l'horloge de l'histoire. Le 20 septembre, les travaux de la XVe session de l'Assemblée générale des Nations unies ont commencé à New York. L'année 1960 marque un tournant dans l'histoire de la décolonisation. L'Union soviétique, qui vise des alliances avec les pays africains et asiatiques, a tout intérêt à prendre en main le flambeau de la lutte anticoloniale. Khrouchtchev doit son pouvoir au fait d'être le Premier secrétaire du PCUS (Parti communiste de l'Union soviétique), mais se rend à l'Onu en tant que président du Conseil, c'est-à-dire de Premier ministre de l'URSS. Le 23 septembre, il annonce la présentation à l'Assemblée générale d'une motion destinée à « liquider toutes les situations coloniales », en obtenant la sympathie de l'Égyptien Nasser, du Yougoslave Tito et de l'Indien Nehru. Le 3 octobre, Khrouchtchev demande la démission du secrétaire général de l'Onu, le Suédois Dag Hammarskjöld, qu'il accuse de privilégier l'Occident avec l'envoi de casques bleus au Congo ex-belge ravagé par une guerre civile aux multiples influences extérieures. Le 12 octobre, il va au pupitre de l'Assemblée, propose une résolution « anticolonialiste » dans un discours enflammé. Toutefois, ses deux chaussures sont encore à ses pieds.

Le scénario se gâte quand la parole est donnée à Lorenzo Sumulong, représentant d'un pays asiatique indépendant et fidèle allié de Washington : les Philippines. Sumulong n'a pas la langue dans sa poche. Il accuse Moscou de « néo-impérialisme » et défie Khrouchtchev de donner l'exemple, en restituant liberté et dignité aux pays de l'Europe orientale « privés de leurs droits civils et politiques » par le Kremlin. Nikita Khrouchtchev réagit alors avec une violence sans précédent dans l'amphithéâtre de l'Onu, où les disputes sont pourtant très nombreuses.

De son siège, il demande d'abord à Boland, le président de la XVe Assemblée générale, d'empêcher le délégué philippin de formuler de telles accusations honteuses envers son pays... puis frappe son banc avec ses poings, suivi par les diplomates de sa délégation. Mais Lorenzo Sumulong ne s'arrête pas pour autant. C'est alors que, juste à la fin de l'intervention du Philippin, Khrouchtchev reprend la parole devant l'Assemblée générale, furieux, pour crier qu'il est ignoble d'entendre de pareilles choses à l'Onu. Il défie Sumulong – qu'il qualifie de « flatteur de l'impérialisme américain » – de prouver que son pays est vraiment libre et indépendant, et brandit sa chaussure devant tout ce beau monde, comme une mise en garde, une menace[1].

Dans l'atmosphère électrique de l'Assemblée générale du 12 décembre 1960, les pays de l'Est et ceux de l'Ouest s'accusent réciproquement. Peu après le numéro de Khrouchtchev, le chef de la délégation de la Roumanie, le vice-ministre des Affaires étrangères Eduard Mezincescu, ne trouve rien de mieux à faire que d'insulter l'Irlande. Il dit que Boland n'est pas impartial et laisse entendre que son pays ne serait pas vraiment indépendant des États-Unis et de la Grande-Bretagne. Nouvelle gaffe. Dire aux Irlandais qu'ils ne sont pas indépendants de Londres, c'est comme les défier en duel. Mais, en ce 12 octobre 1960, tout était possible au Palais de Verre. Un mois plus tard, le monde semblait s'apaiser et, sur mon écran télé à Galliate, j'ai vu l'image d'un homme qui aimait le dialogue : le président élu John F. Kennedy.

---

1. D'ailleurs, la chaussure comme arme politique anti-américaine tiendra de nouveau un rôle surprenant le 14 décembre 2008 à Bagdad, quand le journaliste irakien Mountazer al-Zaïdi lancera ses souliers contre le président américain George W. Bush, qui les évitera de justesse.

Khrouchtchev remit sa chaussure à son pied et la détente put alors être envisagée.

Un discours n'en vaut pas un autre

Au Conseil de sécurité des Nations unies, on a vu et surtout entendu des gaffes, des bourdes et des absurdités en tous genres depuis la création de cette grande institution internationale. Mais la gaffe commise le 11 février 2011 par le ministre indien des Affaires étrangères, Somanahalli Mallaiah Krishna, est sans doute l'une des plus innocentes et en même temps des plus distrayantes. Ce dernier s'est tout simplement trompé de discours, en lisant à la place du sien celui du ministre des Affaires étrangères du Portugal. Nous sommes au sein du Palais de Verre au moment du changement annuel de la composition du Conseil de sécurité. Cette institution est constituée de quinze pays membres dont cinq sont permanents (la Chine, les États-Unis, la France, la Grande-Bretagne et la Russie) et dix sont élus par l'Assemblée générale avec un mandat de deux ans. Chaque année, on change la moitié de ces membres non permanents. Certains sont élus régulièrement, bénéficiant d'un soutien international considérable. C'est le cas de l'Allemagne, de l'Italie et du Japon. Pour d'autres pays, leur présence au Conseil de sécurité est plus aléatoire et varie selon les périodes. L'Inde a été assez présente entre les années 1960 et 1980, mais l'est beaucoup moins depuis 1992.

Début 2011, S. M. Krishna est visiblement heureux d'entrer à l'Onu comme ministre des Affaires étrangères de l'un des cinq nouveaux membres, destinés à siéger au Conseil jusqu'à la fin de 2012. Il s'agit de deux européens (Allemagne et Portugal), d'un africain (Afrique du Sud), d'un américain (Colombie) et d'un asiatique (Inde). Ils s'ajoutent aux cinq membres permanents et aux cinq de la période 2010-2011 : la Bosnie, le Brésil, le Gabon, le Liban et le Nigeria. Pour la première fois, deux États lusitanophones (Brésil et Portugal) font partie du *Sancta sanctorum* des Nations unies, chose qui pousse le ministre des Affaires étrangères de Lisbonne à exprimer sa joie lors de son intervention. Arrive le tour du chef de la diplomatie indienne, lequel prend dans ses mains la copie du texte lu par son collègue portugais (copie qui avait été distribuée à tous) et commence à la lire comme si de rien n'était. Il continue pendant presque quatre minutes, prononçant entre autres la phrase : « Permettez-moi d'exprimer ma profonde satisfaction suite à l'heureuse coïncidence d'avoir ici aujourd'hui les représentants de deux pays de langue lusitaine. » Surprenante sensibilité indienne pour le portugais.

Immédiatement, la presse indienne s'est déchaînée, tournant en dérision la gaffe de l'homme politique. Certains journaux ont insisté sur le rôle colonisateur que les Portugais avaient eu dans l'histoire indienne : un rôle auquel le gouvernement du Premier ministre Nehru, père d'Indira Gandhi, décida de mettre fin en envoyant l'armée indienne occuper le 18 décembre 1961 les enclaves encore portugaises de Goa, Daman et Diu. Parmi les internautes indiens ayant commenté en masse la performance de leur ministre à New York, certains ont exprimé le souhait d'avoir en échange, de la part de Lisbonne, le droit de faire jouer Cristiano Ronaldo dans l'équipe indienne de football, qui ne brille pas par ses performances internationales...

Un autre journal a pour sa part affirmé que le Pakistan ne faisait heureusement pas partie du Conseil de sécurité, sans quoi le ministre indien aurait risqué de lire à l'Onu le discours de l'ennemi historique de son propre pays. La presse indienne d'opposition a été particulièrement désagréable envers le ministre, auquel certains journalistes ont suggéré de prendre sa retraite. Ces derniers ont toutefois oublié la proverbiale longévité de la classe politique indienne, qui – en l'absence d'attentat comme celui qui a causé la mort d'Indira Gandhi et de son premier fils Rajiv (le cadet Sanjay est mort dans un accident d'avion) – a tendance à rester le plus longtemps possible sur la scène du pouvoir. Moraji Desai, grand adversaire d'Indira Gandhi et Premier ministre entre 1977 et 1979, est mort à l'âge de quatre-vingt-dix-neuf ans et a poursuivi sa carrière politique jusqu'à quatre-vingt-dix ans passés. Pour en revenir au ministre des Affaires étrangères Krishna, à la suite de sa gaffe à l'Onu, il a essayé de se justifier dans les colonnes du quotidien *The Times of India* en affirmant : « Malheureusement, c'est arrivé, et je ne peux rien y faire ! J'avais plein de papiers devant moi et effectivement j'ai prix le mauvais discours ! Je n'ai pas eu de chance ! » À vrai dire, le risque d'erreur perdurera tant que les ministres n'écriront pas leurs propres allocutions et ne les regarderont pas avant de les lire en public.

Sur le plan politique, la gaffe du ministre a paradoxalement focalisé l'attention internationale sur la présence de l'Inde au Conseil de sécurité. Sur ce terrain, le débat dans les milieux diplomatiques planétaires est très sérieux parce que quatre pays (l'Allemagne, le Brésil, l'Inde et le Japon) travaillent depuis longtemps, avec le soutien de la France, pour obtenir un siège permanent, tandis que d'autres pays (l'Italie, l'Argentine, l'Égypte et le Pakistan) craignent ce genre de réforme qui risque de les « déclasser », et souhaitent plutôt d'autres formes de renouvellement de l'architecture onusienne. La plus absurde des gaffes peut donc parfois attirer l'attention de l'opinion publique sur des problèmes bien réels, comme le fait que l'Inde – avec son milliard d'habitants – n'est pas régulièrement représentée au Conseil de sécurité des Nations unies.

« ¿ Por qué no te callas ? »

« Président Hugo Chávez, je crois qu'il existe certains fondements dans le principe du dialogue et que, pour respecter et pour être respecté, nous devons essayer de ne pas tomber dans l'outrage. » Tels sont les mots qu'adresse le 10 novembre 2007 le président du gouvernement espagnol José Luis

Rodríguez Zapatero au président de la République du Venezuela, Hugo Chávez, qui vient de se rendre coupable d'un comportement inhabituel et grossier. On est à Santiago du Chili, où se déroulent les travaux de la « XVII Cumbre Iberoamericana », le sommet entre l'Espagne et les pays latino-américains. Chávez interrompt Zapatero pour s'en prendre à son prédécesseur, Aznar, qu'il déteste. Zapatero reprend ensuite la parole et le président vénézuélien l'interrompt à nouveau. L'attitude provocatrice d'Hugo Chávez est doublement insensée car il s'en prend au successeur et adversaire politique d'Aznar qui a envoyé son Parti populaire dans l'opposition. La scène est surréaliste : dès que Zapatero reprend la parole après une interruption de Chávez, celui-ci insulte de nouveau son prédécesseur et grand rival.

Le comportement irrespectueux d'Hugo Chávez est alors jugé scandaleux par tous les membres présents (parmi lesquels ne figure pas Aznar). Le roi Juan Carlos d'Espagne finit par perdre patience et, commettant à son tour une gaffe, dit au Vénézuélien une phrase devenue célèbre dans le monde entier : *¿ Por qué no te callas ?* (littéralement « Pourquoi ne te tais-tu pas ? » ou « Tu vas la fermer, oui ou non ? »). Une chanson en langue espagnole contribuera ensuite à rendre encore plus populaire cette injonction utilisée par le roi pour demander à Chávez de respecter les règles imposées par le jeu diplomatique.

Les multiples visages d'Oussama

Personne n'aime les défaites et les humiliations. Les Américains encore moins que les autres peuples. Ils lisent la Bible mais donnent parfois une interprétation particulière du principe : « Œil pour œil, dent pour dent », proposant alors « Hiroshima pour Pearl Harbor ». Avec Nagasaki en plus. Le 11 septembre 2001, le choc provoqué aux États-Unis par les sinistres exploits du terrorisme d'Al-Qaida a été probablement supérieur à ce qu'un citoyen de la vieille Europe peut imaginer.

La CIA et le FBI disposent sans doute de très bons agents mais aussi de personnages bien moins fiables, qui mériteraient d'être incarnés par Peter Sellers dans un des films de la saga de *La Panthère rose*. Les grands cerveaux de l'Amérique ont commis beaucoup d'erreurs dans la lutte contre les grandes organisations terroristes et ils nous ont parfois amusés par les gaffes collatérales de leur activité. Ils ont ainsi eu l'idée extraordinaire de vieillir artificiellement l'image archiconnue de la seule barbe ayant dépassé en célébrité celle de Fidel Castro. La barbe qui fait peur. La barbe d'Oussama Ben Laden, dont les dernières images remontaient à 1998.

En janvier 2010, le FBI publie sur son site une photo du chef d'Al-Qaida vieilli grâce aux trucages informatiques. Malheureusement, pour « réactualiser » le cliché, les génies transatlantiques ont choisi de s'inspirer d'un personnage vivant, qui n'a pas été prévenu et qui n'a pas apprécié leur initiative. Un personnage célèbre en Espagne. Le nouveau portrait de « l'ennemi public n° 1 » a en effet été réalisé à partir d'une photo du député espagnol Gaspar Llamazares, élu de la coalition de gauche Izquierda Unida, héritier du vieux Parti communiste espagnol (PCE). Il a d'ailleurs beaucoup donné de sa personne. Le haut de son visage a servi à reconstituer le « nouvel Oussama » et ses cheveux ont été employés pour réaliser le « portrait FBI » du terroriste libyen Atiyah Abd al-Rahman, lui aussi militant d'Al-Qaida. Prendre un communiste pour lui faire jouer le rôle d'un terroriste (et même de deux) n'était peut-être pas un choix dû au simple hasard. Après les protestations de l'intéressé, le FBI a dû faire marche arrière et s'excuser pour cette gaffe « involontaire ». Le député espagnol a demandé s'il existait dans le cerveau électronique du FBI un fichier planétaire des personnalités de gauche, incluant des membres des parlements des pays démocratiques alliés de Washington. Le 2 mai 2011, les GI's sont finalement arrivés à tuer Ben Laden et cette nouvelle a été annoncée par le président Obama avec une fierté nationale tout à fait compréhensible. À ce moment précis, Gaspar Llamazares a dû être soulagé : il a enfin été certain qu'on ne lui tirerait pas dessus en le prenant pour le chef de l'organisation terroriste planétaire.

Quant à l'Amérique, il faut remarquer que même lors de cet événement tant attendu, des gaffes se sont glissées dans la liesse générale. La traque de Ben Laden, repéré et tué au Pakistan, a été baptisée

« opération Geronimo », en oubliant que le chef indien Geronimo (1829-1909) a été un vaillant et courageux guerrier, fervent défenseur de la minorité opprimée des Indiens d'Amérique et des Apaches en particulier. Geronimo, dit aussi Go Khla Yeh (« Celui qui bâille »), a combattu le Mexique et les États-Unis. Il l'a fait de façon ouverte et n'était certainement pas un terroriste. Utiliser l'expression « Geronimo-EKIA », « Geronimo, Enemy Killed in Action » (« Geronimo, ennemi tué au combat »), pour lancer du Pakistan à l'Amérique la bonne nouvelle de la mort de Ben Laden a bel et bien constitué une démonstration inappropriée, révélant une méconnaissance du guerrier apache.

Le corps de Ben Laden a fait l'objet d'une rapide liturgie funèbre musulmane sur un porte-avions de l'US Navy, mais il a ensuite été livré à l'océan, chose contraire aux préceptes de l'islam, selon laquelle l'homme vient de la terre et doit y retourner. Mais l'important, pour les Américains, était d'éviter que son corps ne devienne au Pakistan objet de culte et de mobilisation politico-religieuse ; transféré aux États-Unis, on aurait pu avoir à faire face à des chantages, des détournements d'avion ou des enlèvements pour obtenir sa restitution. En se débarrassant ainsi de son cadavre, l'Amérique a admis que le terroriste à la longue barbe restait une source d'inquiétude après sa mort.

La guerre en Afghanistan, découlant de la lutte contre Al-Qaida, a parfois suscité à son tour des gaffes et des lapsus en Europe. Le 19 octobre 2010, sur le point de quitter sa place de ministre de la Défense, Hervé Morin a répondu à une question sur ce conflit en disant : « C'est difficile d'expliquer à des cons… à des hommes et des femmes qu'une partie de leur sécurité se joue à 7 000 km de chez eux. »

Le piège des hymnes nationaux

Les hymnes nationaux expriment, à leur façon, l'histoire de nos peuples. Encore faut-il que les autres la connaissent. À la fin des années 1940, et pendant les années 1950, plusieurs pays ont commis une gaffe vis-à-vis de représentants italiens (politiques ou sportifs) en jouant le vieil hymne national monarchique à la place du nouvel hymne républicain. En réalité, les hymnes nationaux sont une source inépuisable de gaffes de toutes natures. L'hymne espagnol est seulement instrumental ; le texte, qui remonte à l'époque de Franco, n'est plus pris en considération. Tous les maîtres de cérémonie le savent. Sauf les organisateurs du Giro d'Italia (le Tour d'Italie) qui, le 29 mai 2011, ont rendu hommage à Milan au vainqueur, le cycliste espagnol Alberto Contador, en jouant la version ancienne de l'hymne de son pays (celle de la dictature, avec musique et texte chanté). Protestations des représentants du gouvernement de Madrid et plates excuses des organisateurs.

En octobre 2010, le président chilien Sebastián Piñera rencontre, à l'occasion de sa visite officielle à Berlin, le président de la République fédérale allemande Christian Wulff. La conversation est cordiale et, au moment de l'adieu, Wulff demande à Piñera de signer le livre d'or de ses hôtes. L'homme politique chilien ne résiste alors pas à la tentation de montrer sa connaissance de la langue allemande. Il se souvient d'une phrase et l'y écrit. La phrase en question est la première strophe de l'hymne national allemand, chanté jusqu'à la chute du Troisième Reich : *Deutschland über alles* (« L'Allemagne par-dessus tout »). Après la guerre, la musique n'a pas changé, mais le texte oui ; il fallait donc oublier ces mots que les nazis chantaient si volontiers : Deutschland, Deutschland über alles / über alles in der Welt (« l'Allemagne par-dessus tout / par-dessus tout dans le monde »). La musique est celle que Joseph Haydn composa en 1797 pour l'empereur d'Autriche François II (qui, étant en guerre contre Napoléon, voulait se doter d'un hymne à la hauteur de *La Marseillaise*, ayant compris qu'une mélodie agréable et facile à chanter pouvait représenter une extraordinaire arme politique). À la chute de l'Empire autrichien, avec la fin de la Première Guerre mondiale, cette musique n'a plus été l'hymne national de Vienne mais est devenue l'hymne allemand, avec de nouvelles paroles. Nouveau changement de texte après la Seconde Guerre mondiale. Une longue histoire que le président chilien ne connaissait pas.

Le 21 novembre 2007, le stade londonien de Wembley est plein à craquer : 90 000 personnes souhaitent assister à la victoire de l'équipe d'Angleterre face à celle de la Croatie pour la qualification en

Coupe d'Europe de football de l'année suivante. Le ténor britannique Tony Henry interprète l'hymne national croate, avec ses mots très poétiques *Mila kuda si planina* (« Tu sais, ma chérie, comment nous aimons nos montagnes »), devenus *Mila kura si planina*, qui peut donner lieu à une double interprétation : « Cher pénis, tu es une montagne » et aussi « Ma chère, mon pénis est une montagne ! » En général, les équipes des différents pays écoutent en silence et sans bouger les hymnes, mais ce mercredi 21 novembre 2007, les Croates n'ont pas pu se retenir. Face à 90 000 Anglais qui n'arrivaient pas à comprendre leur comportement, les joueurs venus de Zagreb ne purent s'empêcher de pouffer de rire... avant de gagner le match (deux buts à trois).

Gaffe tout aussi amusante que celle du président de la République italienne Giovanni Gronchi (démocrate-chrétien qui a été chef d'État de 1955 à 1962) en compagnie de Charles de Gaulle. Le 24 juin 1959, lors d'un voyage officiel de ce dernier en Italie, les deux présidents sont ensemble à la Scala de Milan. Avant d'assister à l'opéra, programmé en leur honneur, ils écoutent *La Marseillaise* et l'hymne de Mameli (dont l'auteur, Goffredo Mameli, est mort en 1849 à Rome en se battant contre les Français du président Louis-Napoléon). Le public applaudit à la fin des hymnes et de Gaulle s'assied en premier. Gronchi fait de même, sans s'apercevoir de l'absence de chaise. Il tombe par terre et se sent un peu ridicule. Seule une partie de la presse italienne parlera de cet épisode, les autres journaux – très timides face au pouvoir – faisant comme si de rien n'était. Le soir suivant, la RAI (télévision publique italienne) diffuse à l'antenne sur la seule chaîne existante dans le pays l'habituel programme satirique et musical, réalisé en direct, « Uno, due, tre » (Un, deux, trois), avec les acteurs comiques Ugo Tognazzi, qui sera beaucoup plus tard l'un des deux protagonistes de *La Cage aux folles*, et Raimondo Vianello. On y voit ce dernier enlever la chaise de Tognazzi qui tombe par terre. À ce moment, Vianello lui dit : « Mais tu te prends pour qui ? » Et Tognazzi rétorque : « Tout le monde peut tomber ! » Les deux comédiens sont immédiatement renvoyés par la RAI et l'émission retireé de l'antenne définitivement. Vive la liberté !

Quand un ministre frôle la catastrophe

Giuseppe Medici (1907-2000) était un homme politique italien à l'air très distingué et un peu rétro, avec sa barbe impeccable, son chapeau et sa canne. Un homme de grande classe et d'origine modeste, qui paraissait tout droit sorti du XIXe siècle. L'histoire de son père avait été celle de beaucoup de fils du peuple d'Émilie-Romagne : paysan puis charpentier, il avait créé une petite entreprise de construction. Giuseppe, lui, est allé à l'université et est devenu expert en problèmes agraires et économiste de renom. En 1947, c'est lui qui s'est rendu aux États-Unis pour négocier les termes de l'application du Plan Marshall à l'aune de la réalité italienne. Heureusement, à cette époque, il était plus alerte qu'en 1973, au moment de la gaffe suivante.

Le 19 février 1973, Medici arrive à Vienne en tant que ministre des Affaires étrangères dans le gouvernement dirigé alors par Giulio Andreotti. Depuis la fin de la Seconde Guerre mondiale, c'est la première fois qu'un chef de la diplomatie italienne est en voyage officiel en Autriche. Il y rencontre le Premier ministre Bruno Kreisky et le ministre des Affaires étrangères Rudolf Kirchschläger. Sa mission n'est pas simple. Les relations italo-autrichiennes continuent d'être perturbées par la question du Haut-Adige (Südtirol en allemand). À la suite de la Première Guerre mondiale, ce territoire est devenu propriété italienne et a été « italianisé » de façon autoritaire pendant les vingt ans du fascisme (1922-1943). Les pressions sécessionnistes, favorables à un rattachement à l'Autriche, ont repris après la Seconde Guerre mondiale malgré l'accord trouvé à ce sujet par les deux pays intéressés : autonomie oui, sécession non. Le même accord est réactivé dans les années 1960 après une série d'attentats réalisés par des groupes extrémistes, favorables au rattachement à l'Autriche. La situation est heureusement bien meilleure quand Giuseppe Medici débarque à Vienne, mais les deux États doivent consolider leur entente sur le sujet qui demeure délicat.

Le 20 février, la conférence de presse conjointe italo-autrichienne se déroule dans une atmosphère amicale. Kirchschläger dit : « Après avoir trouvé un accord au sujet du problème du Südtirol, nos relations politiques peuvent donner bien des fruits. »

Medici devrait l'écouter mais il paraît être sur une autre planète. Parmi la petite foule de journalistes, surtout autrichiens, l'un d'entre eux se distingue. Il s'appelle Simon Wiesenthal. Né en 1908 dans une localité ukrainienne de l'empire d'Autriche-Hongrie, il décèdera en 2005 à Vienne. Il a été une victime de l'antisémitisme pendant la Seconde Guerre mondiale et est connu dans le monde entier comme le grand « chasseur de nazis ». En effet, Wiesenthal a consacré avec grand profit sa vie à livrer à la justice les criminels qui, pendant la guerre, se sont rendus coupables de monstruosités sous les ordres de Hitler. C'est lui qui a contribué à l'identification et à la capture du criminel nazi Adolf Eichmann, l'un des principaux responsables de la déportation et de l'extermination de millions de Juifs : enlevé en Argentine par des agents israéliens, Eichmann a fait l'objet d'un procès en Israël et été condamné à mort et pendu en 1962.

La conférence de presse de ce 20 février 1973 touche à sa fin et le ministre italien est très fatigué quand Simon Wiesenthal demande la parole pour l'interroger au sujet de la crise au Moyen-Orient (nous sommes alors à la veille de la « guerre du Kippour », qui éclatera le 6 octobre de la même année). En prenant la parole, Simon Wiesenthal dit poliment son nom. Giuseppe Medici ne comprend pas qu'il s'agit du célèbre chasseur de criminels nazis, mais a le sentiment qu'il n'est pas un journaliste comme les autres. Tandis que Wiesenthal pose sa question, le ministre demande « C'est qui ? » à son directeur de cabinet, assis juste à côté de lui. Le fonctionnaire lui explique en quelques mots : « C'est l'ingénieur Simon Wiesenthal, celui qui a fait arrêter Eichmann ! » Le ministre croit avoir tout compris. C'est la fin de la conférence de presse et il fait un dernier effort pour paraître agréable vis-à-vis de l'assistance autrichienne. Il décide alors d'appeler son interlocuteur par son nom, dans un élan de sympathie, et ayant été marqué par le premier et le dernier mot de la phrase de son directeur de cabinet, dit à haute voix à Wiesenthal : « Mon cher ingénieur Eichmann, au sujet de la crise du Moyen-Orient, la position italienne est claire. » Dans la salle, instant de panique. Donner à Wiesenthal le nom d'Eichmann pouvait être interprété à la fois comme une insulte ou une plaisanterie de très mauvais goût. Dans ce cas précis, il ne s'agissait ni de l'une ni de l'autre, mais seulement d'une gaffe qui exprimait la confusion mentale de Giuseppe Medici. Mais le récit ne se termine pas par cette incroyable gaffe. Dans l'assemblée, certains journalistes ne peuvent dissimuler un sourire. Voilà l'ambassadeur Roberto Gaja, secrétaire général de la Farnesina, le Quai d'Orsay italien, qui rit de façon ostentatoire, comme si le ministre avait eu un formidable mot d'esprit destiné à son interlocuteur autrichien. Comme si appeler Eichmann par le patronyme de son grand ennemi était une façon sympathique de dédramatiser la récente histoire européenne. Heureusement pour les Italiens, Simon Wiesenthal a tout compris et a accepté de se prêter à ce jeu. Il aurait pu crier au scandale, mais dans cette atmosphère d'amitié italo-autrichienne retrouvée, ce dernier a souri à son tour.

Ainsi, une gaffe qui aurait pu être dramatique fut noyée dans un bon verre de Tiroler Gewurztraminer.

Toujours en Autriche, le ministre français des Affaires étrangères Roland Dumas a commis en 1990 une gaffe volontaire, dont lui-même a reparlé beaucoup plus tard à Paris, lors d'un dîner en ville, en se demandant s'il avait à cette occasion servi son pays ou tout simplement cédé à des pulsions bien compréhensibles. Il faut savoir que le père de Roland Dumas, Georges Dumas, a été fusillé en mars 1944 en Dordogne par les nazis avec d'autres résistants français. L'ex-chancelier autrichien de la période 1970-1983, le social-démocrate Bruno Kreisky, meurt le 29 juillet 1990. Le président de la République est alors Kurt Waldheim. Passées sous silence pendant son mandat de secrétaire général de l'Onu (1972-1981), les informations sur l'attitude de ce dernier pendant la Seconde Guerre mondiale sont en 1990 de notoriété publique. Waldheim a certainement été incorporé dans la Wehrmacht et participé à des opérations militaires. Subsistent des doutes quant à sa fonction exacte. Mais Dumas, qui représente la France aux obsèques de Kreisky, ne souhaite pas serrer la main à l'ex-militaire de l'armée allemande, désormais chef de l'État autrichien. Et il se contentera de le croiser sans le saluer. En parlant de cet épisode beaucoup plus tard à Paris, l'ex-ministre et ami de Mitterrand se demande s'il a alors commis un faux pas. C'en était un, mais on peut aisément lui donner raison.

UNE DIPLOMATIE BIEN PEU DIPLOMATIQUE

L'Italie à la porte du Louvre

Quand, en 1986, je suis arrivé de Rome à Paris comme correspondant du quotidien économique *Italia Oggi*, j'ai découvert les unes après les autres les liturgies liées à l'exercice de ce métier dans cette ville. Le plus utile pour moi fut la rencontre hebdomadaire (tous les jeudis à 9 heures) avec le ministre de l'Économie, des Finances et de la Privatisation, Édouard Balladur. Pour son « point de presse », il nous recevait dans le plus beau ministère de France et peut-être du monde : le palais du Louvre, qui, à cette époque, était divisé en deux parties bien distinctes. L'aile donnant sur la rue de Rivoli hébergeait les services du ministère de l'Économie, émigré ensuite à Bercy, tandis que les autres espaces de cet imposant bâtiment abritaient la *Joconde*, la *Victoire de Samothrace* et leurs charmantes amies. Le petit groupe de journalistes économiques (une quinzaine de Français et une douzaine d'Allemands, Américains, Britanniques, Espagnols et Italiens) entrait par la rue de Rivoli, traversait une cour intérieure, sombre et assez laide, pour arriver dans le salon où le ministre avait l'habitude de nous recevoir et où son successeur, Pierre Bérégovoy, fera de même à partir de 1988. La cour en question n'existe plus aujourd'hui : elle a été transformée en salle d'exposition et est à présent peuplée de sculptures.

Ce samedi 21 février 1987, Édouard Balladur nous reçoit dans l'après-midi pour évoquer un accord destiné à rénover la finance internationale, qui prévoit la coopération du G7 (l'Allemagne, le Canada, les États-Unis, la France, la Grande-Bretagne, l'Italie, le Japon) pour « promouvoir la stabilité des taux de change » entre les principales monnaies de la planète. Problème : les ministres du G5 (le G7 sauf le Canada et l'Italie) se sont réunis le jour même avant la rencontre du G7, qui a pratiquement entériné leur entente.

L'Italie se fâche et commet alors une bourde. Le dimanche 22 février au matin, je reçois un appel de l'ambassade d'Italie qui m'invite à me rendre immédiatement dans les locaux de cette dernière, rue de Varenne. C'est étrange car, à la même heure, en fin de matinée, au Louvre, est prévue la rencontre finale des sept ministres de l'Économie pour baptiser leur entente (qui sera désignée comme l'« accord du Louvre »). À l'ambassade, le ministre du Trésor démocrate-chrétien Giovanni Goria nous explique qu'il a refusé de participer à la rencontre finale et qu'il était sur le point de rentrer à Rome. Il a pris la décision le matin même au téléphone avec le président du Conseil, le socialiste Bettino Craxi. Ils ont choisi de montrer au monde entier la présumée fierté nationale italienne. Au moment de quitter les travaux du G7, le ministre Goria est visiblement gêné. Mais Craxi ne peut entendre raison quand il s'agit de montrer au monde que l'Italie n'est plus un partenaire docile à la disposition de ses puissants alliés. La bourde italienne du 22 février 1987 a été voulue par le président du Conseil en personne, depuis Rome.

Le G8 sur le pont du « Titanic »

Ils ont envie de sourire, les participants au G8 sur l'île japonaise d'Hokkaido, le 8 juillet 2008, au moment de poser devant les caméras pour une photo de famille, ou pour la cérémonie de la plantation des arbres destinés à rappeler aux générations futures leur passage dans ces lieux. Mais les neuf personnalités politiques (les huit leaders des pays membres de l'organisation et le président de la Commission européenne), à la veille d'une crise planétaire dramatique, n'avaient rien vu venir.

George Bush, Yasuo Fukuda, Angela Merkel, Nicolas Sarkozy, Gordon Brown, Silvio Berlusconi, José Manuel Barroso, Stephen Harper et Dmitri Medvedev ont envie de sourire au moment d'approuver une « Déclaration sur l'économie mondiale » qui se révélera bientôt comme une bourde de première catégorie. Ils étaient sur le pont du *Titanic* et ils nous ont fait croire que tout marchait pour le mieux. Ou presque. La déclaration commune des chefs d'État et de gouvernement affirme : « Nous restons optimistes sur la résilience à long terme de nos économies et sur la croissance économique mondiale à venir. » Bravo pour l'optimisme, mais la menace des prêts hypothécaires américains à risque (les fameux « subprimes ») était déjà connue des experts. L'iceberg était devant le *Titanic* et ils n'ont pas voulu en parler. Le texte continue ainsi : « Les économies des marchés émergents connaissent toujours une croissance solide alors que la nôtre s'est ralentie. » Ensuite, une phrase prudente : « Cependant, l'économie mondiale est confrontée aujourd'hui à des incertitudes et les risques baissiers persistent. » À l'extérieur du G8, la musique est toujours la même : nier le risque d'une crise économique majeure. Le président espagnol Zapatero affirme à la même époque : *No hay riesgo de crisis económica*. (« Il n'y a pas de risque de crise économique. ») Heureusement, il n'y avait pas de danger. On ne peut imaginer ce qui se serait passé s'il y en avait eu un véritable...

À l'occasion de sa conférence de presse finale, Nicolas Sarkozy déclare : « Nous avons parlé des problèmes du moment. Ces problèmes concernent d'abord l'environnement et le changement climatique. Vous savez que la présidence française de l'Union européenne en a fait sa priorité, que la France a organisé le Grenelle de l'environnement. » Le texte de la présidence japonaise, publié à la fin du sommet, insiste quant à lui davantage sur le décryptage de la situation mondiale par les membres du G8 et assène : « Lors de notre discussion sur l'économie mondiale, tout en notant que la croissance avait ralenti, nous sommes restés positifs sur ses perspectives. Toutefois, nous avons reconnu la nécessité de répondre en particulier aux questions posées par le niveau élevé des prix du pétrole et de l'alimentation et aux pressions inflationnistes mondiales. » L'identification de l'inflation comme danger fondamental pour l'économie internationale implique des mesures d'augmentation des taux d'intérêt, qui sont un obstacle aux investissements. Une fois la crise commencée officiellement en septembre, ces mesures (prises en particulier par la BCE) auront un effet boomerang. Les banques centrales devront faire marche arrière, en improvisant dans la confusion la plus totale pour favoriser le crédit et lutter contre la récession. Ainsi on aura compris que, deux mois plus tôt sur l'île d'Hokkaido, les grands de ce monde ont eu du mal à voir plus loin que le bout de leur nez.

La religion face à l'« origine du monde »

Au printemps 2011, l'Espagne a un nouvel ambassadeur auprès du Saint-Siège. Il s'agit d'une femme, diplomate de carrière. Elle est heureuse d'arriver à Rome, même sans avoir l'immense chance des ambassadeurs de France auprès de l'État italien, logés, eux, au palais Farnèse. Comme tout nouvel ambassadeur, Mme María Jesús Figa López-Palop se prépare à la cérémonie de présentation des lettres de créance au pape, qui va la recevoir en tant que chef d'État. Au moment de préparer le texte du communiqué officiel sur les activités du pontife Benoît XVI, un fonctionnaire du Vatican bondit de sa chaise. L'ambassadrice s'appelle María Jesús Figa López-Palop. Le terme *figa* indique le sexe féminin dans le bassin méditerranéen : les Grecs ont associé depuis l'Antiquité l'image du sexe féminin à celle d'une figue coupée en deux, et ils ont été suivis, à l'époque moderne, par les Italiens et les Catalans. Le Vatican est situé dans la péninsule italienne et l'on y connaît ce mot. Comment peut-on publier un document officiel en disant que le pape va avoir une rencontre privée avec Mme Figa ? C'est impossible. Et voilà la diplomatie vaticane responsable d'une gaffe qui prête à sourire : dans les documents officiels, le nom de la nouvelle ambassadrice espagnole est pudiquement transformé en Mme María Jesús F. López-Palop. Cette lettre « F » est un véritable cache-sexe. À Rome, certains se sont même demandé si le gouvernement Zapatero ne pouvait pas envoyer au Vatican un représentant diplomatique au nom moins compromettant. Évidemment, à Madrid, on pense que les vrais problèmes sont ailleurs.

Benoît XVI s'est lui-même rendu coupable d'une bourde le 17 mars 2009 quand, dans l'avion qui l'emmenait en Afrique pour une importante visite religieuse mais aussi diplomatique, il a parlé avec les journalistes de façon un peu trop décontractée, sans mesurer l'effet choquant de ses mots au sujet du préservatif. Le souverain pontife a dit que « l'on ne pouvait pas régler le problème du sida avec la distribution de préservatifs » mais qu'« au contraire [leur] utilisation aggravait le problème ». En se rendant en Afrique, continent ravagé par cette maladie, quelques précautions supplémentaires auraient probablement été opportunes.

France-Tunisie, la saison des gaffes

Le 7 janvier 2011, la ministre des Affaires étrangères Michèle Alliot-Marie est à Bercy pour participer à une table ronde sur la situation et les perspectives des pays du bassin méditerranéen. La Méditerranée, en tant que communauté d'États libres et souverains, commence à se porter bien mieux grâce aux aspirations démocratiques des peuples de la région. Après son discours, pendant lequel elle élude les révoltes en Algérie et en Tunisie, la ministre française file à l'anglaise, laissant la parole aux autres intervenants, originaires de plusieurs pays du *Mare Nostrum*. Les discours sont intéressants, mais en décalage total avec la réalité. C'est peu dire qu'en Europe on a fermé les yeux sur la première période de la révolte tunisienne. En décembre 2010, Michèle Alliot-Marie, fraîchement nommée ministre d'État, ministre des Affaires étrangères et européennes, a même gaffé en acceptant l'invitation d'un homme d'affaires à passer, avec son conjoint, les vacances de fin d'année en Tunisie. Tout comme les experts qui la conseillent au Quai d'Orsay, elle n'imaginait absolument pas la fin imminente de la dictature de Ben Ali et de son clan. La France, ex-puissance coloniale de la Tunisie, a protégé jusqu'à la dernière heure le régime autoritaire, tandis que sa ministre des Affaires étrangères dansait sur le pont du *Titanic* de Ben Ali.

En acceptant fin décembre les largesses de l'homme d'affaires tunisien, Mohamed Aziz Miled, qui avait soutenu l'ex-président tunisien Zine Ben Ali, la locataire du Quai d'Orsay a commis une véritable bourde. Et *Le Canard enchaîné*, auteur de la révélation, a pu, numéro après numéro, divulguer une série de détails plus ou moins compromettants, en évoquant entre autres l'avion privé mis à la disposition de Mme la ministre. François Baroin, porte-parole du gouvernement, a bien essayé de clore l'affaire le 3 février en déclarant : « Michèle Alliot-Marie s'est expliquée, elle a même fait son mea-culpa, elle a dit qu'elle ne le referait pas. » En janvier, la chanson qui s'imposait était *Je ne regrette rien*. Puis on a entonné la litanie du « mea culpa, mea culpa, mea maxima culpa ».

Les vacances aux frais de la princesse ont toujours été une tentation pour les personnalités politiques. Nicolas Sarkozy en sait quelque chose, lui qui, avant d'épouser une riche Italienne, profitait déjà des largesses de son ami Vincent Bolloré. On voudrait espérer qu'au XXIe siècle les membres des gouvernements de l'Union européenne disposent d'assez d'argent pour financer leur congés sans recourir à des aides parfois peu transparentes et très moyennement appréciées par l'opinion publique. Les sollicitations privées sont plus gênantes que celles qui sont publiques. Paradoxalement, une invitation officielle de la part d'un président étranger aurait posé moins de problèmes à MAM : passer le jour de l'an à l'étranger sur invitation d'un chef d'État est un choix politique ; faire de même sur invitation d'un entrepreneur privé, ayant des relations ambigües avec le régime de son propre pays et peut-être avec des pôles financiers internationaux, est – dans la meilleure des hypothèses – une gaffe. « C'est seulement une relation désintéressée et amicale », a dit la ministre après les premières révélations du *Canard enchaîné* sur cette affaire. Certainement pas désintéressée pour son richissime ami tunisien, qui ne manquait pas de motifs pour cultiver ces liens particuliers avec les membres du gouvernement français, en invitant dans son pays deux ministres pour le prix d'un : la responsable du Quai d'Orsay et son compagnon Patrick Ollier.

Mais parfois les gaffes n'arrivent pas seules. En répondant le 11 janvier 2011 à la question d'un député qui soulignait la contradiction entre les attitudes de la France en Côte-d'Ivoire (lutte pour le respect de la démocratie) et en Tunisie (soutien à un dictateur), Michèle Alliot-Marie paraît confirmer l'existence de cet antagonisme. Au sujet de la situation très critique dans ces pays, elle déclare : « Nous proposons que le savoir-faire qui est reconnu dans le monde entier à nos forces de sécurité permette de régler des situations sécuritaires de ce type. C'est la raison pour laquelle nous proposons aux deux pays, dans le cadre de nos coopérations, d'agir en ce sens pour que le droit de manifester puisse se faire en même temps que l'assurance de la sécurité. » Au moment où Ben Ali est sur le point de sombrer, Michèle Alliot-Marie lui offre publiquement l'aide sécuritaire de la France, dont au passage elle vante l'extraordinaire « savoir-faire ». À Paris, un des meilleurs experts des relations internationales, Dominique Moïsi, de l'Ifri, affirme avec sarcasme : « On peut se demander si le président de la République ne choisit pas ses ministres des Affaires étrangères plus en fonction de leurs limites que de leurs mérites » (*Libération*, 21 février 2011). Nicolas Sarkozy tente alors de faire taire ces accusations en poussant MAM vers la sortie le 28 février 2011 et en confiant la diplomatie française à Alain Juppé.

À Tunis, l'attitude du Quai d'Orsay provoque la perplexité, et la presse s'en fait le reflet. Et on arrive ainsi à la nouvelle gaffe de cette drôle d'histoire franco-tunisienne. Après la chute de Ben Ali, la France a besoin d'un bouc émissaire. L'ambassadeur à Tunis, Pierre Ménat, soixante ans, est remplacé par Boris Boillon, quarante-et-un ans, qui parle arabe et était depuis 2009 en poste à Bagdad. Il débarque dans la capitale tunisienne le 16 février 2011. À son arrivée, il dit : « La France est mal placée pour donner des leçons dans le domaine de l'État de droit et dans celui de la démocratie. » Une journaliste tunisienne qu'il a invitée à un déjeuner avec un groupe de consœurs et confrères lui demande de s'expliquer davantage. On lui pose aussi une question au sujet de la gaffe de Michèle Alliot-Marie et de ses vacances de décembre 2010. Les réponses sont bien peu diplomatiques. Il dit : « Non, je ne peux pas expliciter, je dis ce que j'ai à dire et n'essayez pas de me coincer avec des trucs à la con. Voilà, la France n'a pas de leçons à donner, il y a un peuple tunisien qui a montré de manière exceptionnelle, de manière pionnière au XXIᵉ siècle ce que c'est que la e-révolution... Moi, je ne suis pas là pour faire de la polémique, je ne suis pas là pour créer des problèmes, je suis là pour créer des solutions, donc n'essayez pas de me faire tomber sur des trucs débiles. Franchement, vous croyez que j'ai ce niveau-là, vous croyez que je suis dans la petite phrase débile ? Michèle Alliot-Marie c'est ma ministre, je n'ai pas de commentaires à faire ! » Une autre question délicate fait allusion à son jeune âge pour être un ambassadeur français. Boris Boillon repousse alors le micro avec violence, se lève et part, excédé. En sortant, il prononce les phrases suivantes : « Merci et au revoir », « C'est lamentable » et « C'est nul ».

Qu'y a-t-il de lamentable et de nul ? Peut-être le fait que des journalistes tunisiens croient pouvoir poser librement des questions après avoir subi pendant bien des années les lois d'un régime, soutenu par la France et par l'Europe, qui étouffait et réprimait la presse ? L'apprentissage de la liberté passe aussi par des questions que certains peuvent considérer comme inopportunes. Mais celles posées par les journalistes tunisiens étaient tout sauf stupides. Même si elles l'avaient été, ces derniers avaient le droit de les poser sans être insultés. Combien de réponses de diplomates de tous pays nous paraissent malvenues ? Et pourtant on aime les considérer comme des chefs-d'œuvre de diplomatie ! Le nouvel ambassadeur de France en Tunisie avait invité à sa résidence une douzaine de journalistes tunisiens pour se faire un peu de pub, mais il a perçu à ses dépens la force de la liberté retrouvée de la presse.

Les images et l'enregistrement sonore de la rencontre ont pour leur part fait le tour du Web et de la télé tunisienne. À Tunis, la foule a hurlé : « Boillon, dégage ! » et « Dégage, petit Sarko ! » On pouvait lire aussi des banderoles comme « Casse-toi, pauvre Boillon », « Attitude pleine de mépris et d'arrogance ! Présentez votre démission ! », « Ici c'est la Tunisie libre, pas l'Irak occupé », et aussi « La confiance se gagne en gouttes et se perd en litres » (vieux proverbe arabe, ressorti pour l'occasion). L'intéressé s'est excusé à la télévision tunisienne (un autre mea-culpa !), mais la gaffe est faite et elle laissera des traces. Une situation au goût amer pour les Tunisiens mais aussi pour les Français. En mars 2011, un sondage exprime cruellement l'opinion de ces derniers : pour 81 % d'entre eux, le rôle de la France dans le monde est « en train de s'affaiblir ».

III

BERLUSCONI ET L'INSOUTENABLE LÉGÈRETÉ DE L'ÊTRE

Symbiose parfaite

L'internaute qui tape sur son clavier l'expression « gaffe Berlusconi » trouvera plusieurs centaines de milliers de réponses et les moteurs de recherche en ont peut-être oublié quelques-unes. Sur le site YouTube, Silvio l'Italien est une star mondiale de la gaffe, avec des dizaines de milliers de vidéos. Aucun doute : il est le gaffeur numéro un de la planète. Probablement aussi de notre galaxie. C'est la raison pour laquelle, dans les pages qui suivent, la description des gaffes du politique se mêle profondément à celle de l'homme Berlusconi. L'un ne va pas sans l'autre. Symbiose parfaite.

Silvio est né à Milan le 29 septembre 1936. Cet homme d'affaires et politicien, dont on connaît la *success story* exceptionnelle, est un stratège de la pitrerie. Son discours enveloppe toute forme de gaffe, de bourde, de faux pas, de provocation... De l'erreur innocente qu'il met volontairement en scène pour amuser et conquérir son public à l'insulte qui lui échappe lors d'un discours enflammé, du lapsus freudien classique à la blague haineuse envers une communauté, tout se côtoie dans sa rhétorique. La gaffe peut même devenir chez lui un outil de manipulation, lorsqu'il l'utilise à l'occasion d'une réunion ou d'un colloque afin d'occulter des sujets d'actualité plus délicats.

Berlusconi déteste tout particulièrement les communistes et les magistrats. Il raconte avoir découvert le charme de l'anticommunisme virulent grâce au récit d'un père missionnaire arrivé de l'Est. Ainsi, la position de Silvio sur le communisme devient dès son adolescence une véritable obsession (en revanche, à un âge bien plus avancé, son obsession de la « position du missionnaire » sera moins idéologique).

On connaît plus ou moins la genèse de la fortune financière berlusconienne à partir de son engagement dans l'immobilier, au début des années 1970, mais les ombres et les doutes sont nombreux quant à la provenance de l'argent à l'origine de son activité d'entrepreneur, et à certaines de ses fréquentations successives.

À ce sujet, Berlusconi a prononcé à plusieurs reprises une phrase maladroite que chacun peut juger comme il l'entend. Reprenant une expression de son grand ami Marcello Dell'Utri, condamné pour fraude fiscale et complicité mafieuse, il a qualifié d'« héroïque » le comportement du mafieux Vittorio Mangano (1940-2000), condamné à la perpétuité pour deux assassinats. Qu'a fait de si « héroïque » le tueur de la Mafia ? Il n'a pas pipé mot et n'a jamais mis en difficulté Berlusconi pendant ses auditions par les magistrats. L'histoire de la relation entre Dell'Utri, Berlusconi et Mangano remonte à 1973, quand ce dernier est embauché par Berlusconi dans sa luxueuse résidence d'Arcore, près de Milan. Officiellement, il s'occupe des chevaux et du jardin. Berlusconi parle aujourd'hui de Mangano en disant : « Il résidait dans ma villa avec sa famille. Il se comportait très bien et accompagnait tous les matins à l'école ses enfants et les miens. Ensuite, il a eu des mésaventures qui l'ont mis un peu entre les mains d'une organisation criminelle. » Cette idée qu'on puisse être « un peu entre les mains » de la Mafia en restant un parfait gentilhomme, voire un « héros », est un autre bijou de ce maestro de la gaffe.

Le soir du 11 mars 1999, Dell'Utri a été quant à lui l'auteur d'un lapsus freudien. Il se trouvait devant les caméras de l'émission politique « Moby Dick », animée par la star du petit écran italien, Michele Santoro, sur la chaîne privée Italia 1, appartenant à Berlusconi. Le lapsus de Marcello Dell'Utri est le suivant : *È chiaro che io, purtroppo, essendo mafioso... cioè, essendo siciliano...* (« Il est clair que moi, malheureusement, étant mafieux... c'est-à-dire, étant sicilien... ») À bien y regarder, la gaffe est double. L'intéressé donne l'impression d'avouer son appartenance à la Mafia et paraît associer le terme « mafieux » à celui de « sicilien ». Il est risqué d'essayer de remettre les choses à leur place après un lapsus. Mais la véritable bourde de cette soirée télévisée est autre. Il s'agit de la phrase peu sympathique de Dell'Utri au sujet de la commission Antimafia du Parlement italien, et plus généralement des forces de la police italienne engagées dans les unités spéciales antimafia. En citant le chef mafieux Luciano Liggio (1925-1993), Dell'Utri affirme : *Come disse giustamente Luciano Liggio, se esiste l'antimafia vorrà dire che esiste pure la mafia. Io non sto né con la mafia, né con l'antimafia. Almeno non con questa antimafia che complotta contro di me attraverso pentiti pilotati.* (« Comme l'a dit justement Luciano Liggio, s'il existe une unité appelée pôle antimafia dans la magistrature italienne, c'est que la mafia doit bien exister. Je ne suis ni avec la mafia ni avec l'antimafia. Du moins, je ne suis pas avec cette antimafia qui fait des complots contre moi en instrumentalisant des repentis. »)

Revenons à Berlusconi. Il se lance en politique après que l'enquête anticorruption des juges de Milan (le pool « Mains propres ») a balayé d'un revers de la main en 1992-1993 la démocratie chrétienne et le parti socialiste, accusés d'avoir obtenu des financements illégaux. Il se présente alors comme un ovni dans la sphère politique et cela séduit beaucoup d'Italiens, fatigués des vieilles rengaines. À la tête du parti Forza Italia qu'il vient de créer avec Marcello Dell'Utri, il gagne les élections législatives d'avril 1994 à la surprise générale.

Concernant cette période, Berlusconi se plaît à raconter une blague très significative, qui indique d'un côté sa haine pour les « communistes » (même si les ex-communistes italiens, comme Massimo D'Alema, ont changé le nom de leur parti et sont devenus des sociaux-démocrates) et, de l'autre, sa conviction d'être pratiquement immortel. La blague est la suivante : D'Alema raconte que Berlusconi est mort et on lui demande comment. Après avoir décrit les mille ruses de Berlusconi pour survivre aux situations les plus dangereuses, D'Alema conclut : « Nous avons dû l'abattre. » Cette idée des « communistes » qui veulent « l'abattre » a été à la base de toute la communication de Berlusconi en tant qu'homme politique. Il met également en avant l'idée fixe de l'existence d'une alliance entre communistes et magistrats dans ce même but. Il n'épargne d'ailleurs guère cette profession dans ses attaques verbales en tous genres, comme celle prononcée en 2003 : *Per fare quel lavoro devi avere turbe psichiche, essere antropologicamente diverso dal resto della razza umana.* (« Pour exercer ce travail, tu dois avoir des troubles psychiques, être anthropologiquement différent du reste de la race humaine. ») Bref, il faut être malade pour devenir juge.

Dans son discours du 16 avril 2011, au palais des Congrès de Rome, Berlusconi en rajoute : *Abbiamo a che fare con una magistratura, che è permeata dalle idee della sinistra e che si è messa in campo per cambiare cio' che gli italiani hanno deciso di fare con il loro voto. In termini crudi si chiama eversione !* (« Nous avons affaire à une magistrature imprégnée des idées de la gauche, une magistrature qui entre en action pour modifier le verdict que les italiens ont donné par les urnes ! C'est un coup d'État ! »)

« *200 millions pour acheter des juges* »

Début 2011, Berlusconi résume sa relation avec la justice par la phrase suivante, qui sonne comme une véritable offense à l'institution judiciaire, accompagnée, cerise sur le gâteau, d'une gaffe involontaire autant que révélatrice. Le classique lapsus freudien. Voici la phrase en question, prononcée pendant une conférence de presse au Palazzo Chigi, le Matignon italien : *Io sono in assoluto il maggior perseguitato dalla magistratura di tutte le epoche di tutta la storia degli uomini di tutto il mondo. E ho la fortuna – avendo lavorato bene nel passato, avendo messo da parte un patrimonio importante – di avere potuto spendere più di 200 milioni di euro per consulenti e giudici.* (« Je suis sans l'ombre d'un doute le plus grand persécuté par la magistrature de tous les temps et de toute l'histoire des hommes du monde entier. Heureusement, ayant bien travaillé par le passé et disposant d'un patrimoine conséquent, j'ai la chance d'avoir pu dépenser plus de 200 millions d'euros pour des conseillers et des juges. ») Il affirme ainsi avoir dépensé cette somme astronomique pour acheter, entre autres, des juges ! Puis, il s'est rendu compte de l'erreur commise et a corrigé le terme *giudici* en *avvocati*, celui qu'il aurait dû utiliser à l'origine. Mais il est trop tard. Sa gaffe est d'autant plus significative qu'elle a jailli de l'inconscient d'un politicien qui, depuis des années, fait l'objet d'accusations de corruption de magistrats.

Berlusconi devient pour la première fois président du Conseil italien en 1994, et perd les élections législatives anticipées de 1996. Il est une seconde fois porté à la tête du gouvernement en 2001, puis battu de nouveau en 2006 pour reprendre finalement le pouvoir en 2008. Appelé par ses amis « il Cavaliere » (le Chevalier, en référence à son titre de « Cavaliere del Lavoro », chevalier du Travail, distinction que les présidents de la République décernent aux entrepreneurs), il a été baptisé « il Caimano » (« le Caïman », titre du célèbre film de Nanni Moretti, prix David di Donatello en 2006) par ses ennemis. On le surnomme aussi « Sua Emittenza », clin d'œil à son empire de chaînes télévisées commerciales qui, grâce à leur puissance émettrice, peuvent couvrir tout le territoire et au-delà. Ce terme joue aussi sur la proximité phonétique avec « Son Éminence », qui est l'appellation des cardinaux.

Dans sa communication, la gaffe a un rôle fondamental. La petite faute de langage, que les adversaires considèrent comme une démonstration d'ignorance, va tout simplement faire sourire une bonne partie de l'opinion publique. Qui plus est, elle contribue à donner de l'intéressé une image d'homme stressé mis à rude épreuve par son travail à la tête du gouvernement.

Berlusconi sait certainement – comme l'apprennent les enfants à partir de l'école primaire – que, selon la légende, Rome fut fondée à l'initiative de deux jumeaux, Romulus et Remus (en italien Romolo e Remo). Ils se disputèrent à cette occasion, en l'an 753 av. J.-C, à la suite de quoi Romulus tua son frère et devint roi, en donnant son propre nom à la future ville. Beaucoup plus tard, en mai 2002 ap. J.-C, vingt chefs d'État et de gouvernement sont réunis à Pratica di Mare, près de Rome, pour le sommet Otan-Russie. L'atmosphère est tendue car le 11 septembre 2001 hante encore les esprits. Berlusconi parle à ses invités en racontant à sa façon, comme s'il s'agissait d'une plaisanterie de bistrot, la légende de la naissance de la « Ville éternelle ». George W. Bush l'écoute avec un air bizarre, entre la curiosité et l'inquiétude. Bush et Poutine ne cillent pas quand Berlusconi révèle le nom des fondateurs de la ville : « Romolo e Remolo ». Il a confondu Remo (le frère mal-aimé de Romolo) avec Remolo, qui n'a jamais existé. Une bourde sortie naturellement dans la fougue du discours, mais parfaitement assumée et revendiquée par l'intéressé. Les médias italiens ironiseront pendant des années sur cette faute berlusconienne. À ce sujet, « Sua Emittenza » réglera ses comptes avec la presse en juin 2009 dans l'avion qui le conduit à Corfou pour une nouvelle rencontre Otan-Russie : *Mi hanno accusato di aver detto Romolo e Remolo. Vi spiego perché è successo. Io quando parlo penso già a quello che devo dire dopo. La trasformazione in parole da parte del cervello risente del mio andare troppo avanti e veloce!*

(« On m'a accusé d'avoir dit Romolo et Remolo. Je vous explique pourquoi je l'ai fait. Quand je parle, je pense déjà à ce que je vais dire ensuite. La transformation de mes pensées en paroles subit les conséquences de ma vivacité d'esprit et de l'avance que je prends constamment ! ») Il pense donc faire des gaffes parce que sa rapidité de pensée dépasse ce que le commun des mortels peut entendre !

Berlusconi en effet adore se décrire comme un homme supérieur aux autres, et il voit dans l'immensité de sa richesse, outre la promptitude de son raisonnement, la preuve de cette affirmation en même temps qu'une arme politique contre ses rivaux. Face aux fréquentes demandes de l'opposition qu'il « retourne chez lui » (*Vattene a casa !*), l'homme a l'habitude de répondre : « On me dit de rentrer à la maison, mais j'en possède vingt ! » (fin 2010, il l'a même dit pendant un discours officiel au Parlement). Et ce n'est pas fini. Depuis 2011, il est le propriétaire d'une vingt et unième demeure. Lors d'un déplacement sur l'île de Lampedusa pour demander à la population de ne pas protester contre la présence d'immigrés nord-africains, il a annoncé fièrement vouloir y acheter une luxueuse résidence pour ses vacances.

En France, cette opulence ostentatoire serait considérée comme un pied de nez en bonne et due forme. En Italie, elle l'est seulement pour une moitié de la population : celle qui ne vote pas et qui ne votera jamais pour « Silvio ». L'autre moitié paraît accréditer la thèse selon laquelle le succès financier est l'apanage des vrais gagnants.

Baisemain à Kadhafi

Dans cette recherche systématique d'autocélébration, Berlusconi recourt très volontiers à la métaphore sportive, telle la parabole de son évangile tout à fait personnel. Ainsi rappelle-t-il qu'il a racheté en 1986 le Milan AC, quand cette équipe de football était dans une mauvaise passe, et insiste fièrement sur les résultats excellents obtenus depuis par les « Rossoneri » (rouge et noir). Le chef de la gauche radicale italienne, Fausto Bertinotti, *tifoso* du Milan AC, lui suggère alors de s'occuper uniquement de football et surtout pas de politique. À l'opposé, Berlusconi se sert du ballon rond dans le but de servir ses affaires de toutes natures.

Parfois, le « Cavaliere » recourt à sa propension gaffeuse mondialement connue pour se faire pardonner de vraies fautes politiques : il transforme ainsi la bourde en antidote. Le 27 juillet 2010, par exemple, se déroule à Syrte, en Libye, un sommet de la Ligue arabe. Berlusconi, invité pour l'occasion, avance vers Kadhafi, parle avec lui et lui fait un baisemain. Un geste de soumission terriblement gênant pour la politique étrangère italienne, présente et future. Bourde monumentale et inconcevable, qui aura un effet boomerang quelques mois plus tard avec le début de la révolte libyenne. En mars 2011, au moment de la résolution de l'Onu autorisant l'intervention contre Kadhafi, l'hebdomadaire italien *Gente* publie une interview de Berlusconi où il essaie d'expliquer l'inexplicable – le baisemain public à Kadhafi – par ces mots : *Ho un forte carattere guascone, che qualche volta mi porta in modo spontaneo a comportamenti non strettamente conformi alla forma.* (« J'ai un fort caractère gascon qui, quelquefois, m'amène de façon spontanée à des comportements qui ne sont pas strictement conformes à la forme. ») Bref, Berlusconi use de l'exagération, c'est-à-dire la pirouette de la pire éspèce, pour servir ses intérêts (contrats avec Tripoli) et ensuite, quand la situation devient gênante, il met tout sur le compte de son caractère. Comme si ce dernier était une entité à part entière. La faute à qui ? Au caractère !

Berlusconi théorise le mythe de la beauté et surtout celui de la jeunesse. Jeunesse éternelle, fruit parfois de la chirurgie esthétique ou de pilules prodigues en érections. Il souffre de deux obsessions : sa petite taille et sa tête. Tout du moins, l'extérieur de cette dernière. Obsédé par l'idée de devenir chauve, Silvio soutient depuis des décennies la recherche scientifique contre la chute des cheveux et surtout celle qui travaille sur la transplantation capillaire. En août 2004, deux rendez-vous fondamentaux ponctuent ses vacances : une intervention de chirurgie esthétique et la réception dans sa villa en Sardaigne du Premier ministre britannique Tony Blair avec sa charmante épouse Cherie. Les chaînes de télévision du monde entier divertissent leur public en montrant un Berlusconi bronzé, chemise ouverte et tête couverte d'un grand et grotesque ruban de cycliste ou de pirate. Il ne l'enlève jamais, mais le change pour l'accorder à la couleur de ses différentes chemises. Cinq ans plus tard, lors d'une interview à la télévision publique italienne, la RAI, Cherie Blair dira au sujet de ce voyage : « Nous sommes allés en Italie pour convaincre Berlusconi de voter pour Londres comme ville olympique. Dès notre arrivée, on nous a expliqué qu'il avait quelques problèmes à la tête, et seulement ensuite nous avons compris qu'il s'agissait d'une transplantation capillaire. » Recevoir de cette façon un Premier ministre britannique était certainement un peu léger. Mais le couple Blair a également commis sa petite bourde. En réalité, il a profité de l'hospitalité berlusconienne pour passer une partie de ses vacances de l'année 2004... année ô combien sensible avec la crise dramatique en Irak. Cherie Blair le sait et réagit en disant qu'il s'agissait de convaincre Berlusconi de voter pour Londres. Or, les choix relatifs aux Jeux sont faits par les comités olympiques et non par les gouvernements. Qu'ils soient allés en Sardaigne pour profiter des largesses de Silvio ou pour s'en servir comme un moyen de pression sur le Comité olympique italien, le couple britannique a commis là un impair.

Le mythe et le rite de la « barzelletta »

En ce qui concerne les gaffes les plus amusantes et « innocentes » (celles destinées à attendrir le jugement de l'opinion publique vis-à-vis de l'intéressé), le maître de Berlusconi a été son grand ami Mike Bongiorno, personnage ultrapopulaire en Italie en tant que star historique de la télévision nationale[1]. Pendant son incroyable carrière d'animateur, Bongiorno eut un succès extraordinaire sur les chaînes publiques et privées du « Cavaliere ».

La gaffe berlusconienne la plus typique est liée à la liturgie tant aimée de la *barzelletta*, la blague pour amuser et séduire son public. C'est là que le Berlusconi président du Conseil ressemble au Berlusconi qui, près d'un demi-siècle plus tôt, parcourait les océans comme animateur sur les bateaux de croisière. Toujours une *barzelletta* prête à l'emploi. Le problème est que certaines blagues provoquent un sourire cynique ou méprisant. Sur un luxueux bateau, c'est vite oublié. Dans les palais du pouvoir, cela devient une bourde. Berlusconi adore les histoires drôles anticommunistes, au point de présenter l'Allemagne

---

1. En Italie, elle est née en 1954, avec six ans de retard par rapport à la France. Tandis que les chaînes privées ont poussé pendant les années 1970 dans la confusion juridique de la péninsule, elles sont apparues en France à partir de 1983-1984 sous l'impulsion du pouvoir politique, avec des cahiers des charges très précis.

nazie comme un pays fort paisible. Un soir de l'année 1998, alors chef de l'opposition, il a dîné à l'ambassade d'Italie à Paris en compagnie de diplomates et de journalistes dont je faisais partie. À table, il a raconté la plaisanterie suivante : deux ex-prisonniers du camp d'Auschwitz, un Français et un Soviétique, se retrouvent par hasard quarante ans après leur libération. Le premier reconnaît l'autre et lui dit : « Mais tu es Ivan ! Te souviens-tu de moi ? Je suis ton ami Jean, le Français. On était ensemble à Auschwitz ! » Et Ivan le Soviétique de répondre : « Oh Auschwitz ! La belle époque ! Quelle nostalgie ! »

Le 29 septembre 2010, Berlusconi est aux anges. C'est le jour de son anniversaire et il vient de défier avec succès au Parlement son rival, le leader de centre gauche Pier Luigi Bersani (qui, ironie du sort, est né lui aussi un 29 septembre). Le gouvernement a, pour le moment, évité la crise. En soirée, Berlusconi se laisse aller et, en rentrant chez lui, raconte des histoires drôles : « Un Juif se confie aux autres membres de sa famille... "Pendant la Seconde Guerre mondiale, l'un des nôtres vint me trouver pour se cacher. Nous l'avons caché dans la cave, nous l'avons soigné et lui avons demandé de l'argent en contrepartie. — Combien ? — 3 000 euros. — Par mois ? — Non, par jour. Ah, c'est pas mal. — Eh oui, on est juifs. Et d'ailleurs, s'il a payé, c'est qu'il pouvait le faire. — Mais j'ai une question à te poser : devons-nous lui dire qu'Hitler est mort et que la guerre est finie ?" ») Autre blague de Berlusconi sur le même sujet : des néonazis arrivent à communiquer avec l'esprit d'Hitler et à le convaincre de revenir sur terre pour tout recommencer. Le Führer accepte, mais il précise : « Cette fois, chers amis, on va être méchants ! » À l'origine, la *barzelletta* est racontée par Berlusconi dans le but d'amuser ceux qui l'écoutent, en se rendant ainsi sympathique à leurs yeux. Mais le Berlusconi d'aujourd'hui est incapable de distraire ses interlocuteurs. Souvent, ses blagues provoquent une hilarité forcée, créant un spectacle pitoyable révélant la servilité de ceux qui l'écoutent et qui – ne sachant pas quand la *barzelletta* va se terminer – font mine de rire à plusieurs reprises, et cela de façon compulsive. Ses histoires drôles sont doublement gaffeuses, à la fois en raison de la vulgarité de leur contenu et du contexte dans lequel elles sont racontées. En avril 2011 par exemple, Berlusconi parle à un groupe d'élus de son parti. Certains portent la très officielle écharpe tricolore d'administrateurs publics. Il raconte, à grand renfort de détails inutiles, une blague très crue. Un homme veut déposer le brevet d'une pomme spéciale qui aurait la saveur du sexe féminin. L'employé du bureau des brevets en croque un morceau et s'exclame : « C'est dégoûtant ! On dirait du cul ! » Réponse : « Il faut la retourner ! » Les élus présents crèvent de rire et, à la fin, vont féliciter le chef du gouvernement pour sa blague merveilleuse et surtout si raffinée.

Pirouettes mal maîtrisées

Mais les super-gaffes, emblématiques du machisme berlusconien, sont celles conçues pour offenser Mme Rosy Bindi, ex-démocrate-chrétienne devenue présidente du Partito democratico, la grande formation italienne du centre gauche. Berlusconi la déteste de toutes ses forces parce que cette catholique engagée et cohérente a préféré une entente avec la gauche plutôt qu'avec lui. Il la qualifie de « catho-communiste » et n'arrive pas à comprendre le fait que, préférant Dieu à Dior, Rosy Bindi ne soit pas obsédée par son aspect physique. En effet, Berlusconi la trouve laide, et utilise cet argument contre sa personne et sa ligne politique. Préférant en effet l'être au paraître, Rosy Bindi est aux antipodes de Silvio Berlusconi qui enchaîne les grossièretés à son égard. En 2003, il faisait l'apologie d'une candidate de son parti, la charmante Viviana Beccalossi, à une élection locale dans la ville lombarde de Brescia en ces termes : *Viviana è più brava che bella. Il contrario di Rosy Bindi.* (« Viviana est plus efficace que belle. Tout le contraire de Rosy Bindi. ») En octobre 2009, il intervient en direct au téléphone lors d'une émission de télévision (« Porta a porta »). Rosy Bindi se trouve sur le plateau et Berlusconi l'offense doublement, à la fois en tant que femme et en tant que figure politique, en disant : *Ravviso che lei è sempre più bella che intelligente.* (« Vous êtes toujours plus belle qu'intelligente » ; décryptage : « Vous êtes moche et stupide. ») Réponse qui ne se fait pas attendre de Rosy Bindi : « Je ne suis pas une femme à votre disposition ! » Mme Bindi devient ce jour-là un vrai symbole pour toutes les Italiennes. En juillet 2010, Berlusconi intervient à Novedrate, en Lombardie, lors d'une rencontre de jeunes engagés dans les nouvelles technologies informatiques et il fait alors des compliments aux femmes de l'assistance : *Alle belle ragazze laureate che non assomigliano certo a Rosy Bindi.* (« Aux jeunes filles diplômées de l'université et qui ne ressemblent certainement pas à Rosy Bindi. ») Rosy Bindi est pourtant elle aussi *laureata* en sciences politiques. De surcroît, elle a enseigné le droit administratif à l'université de Rome en tant que bras droit du grand juriste catholique Vittorio Bachelet. Le 12 février 1980, Rosy Bindi conversait même avec ce dernier à l'intérieur de l'université quand il a été assassiné par un commando terroriste des Brigades rouges. Mme Bindi est donc bien plus que *laureata*. Elle est une intellectuelle catholique de premier plan qui n'est pas prête à vendre son âme politique en échange de financements de l'école privée.

La goujaterie de « Sua Emittenza » vis-à-vis de Mme Bindi a été rendue publique en 2010 à la suite de la diffusion d'une vidéo tournée l'année précédente à L'Aquila, la capitale de la région italienne des Abruzzes, ravagée par le catastrophique tremblement de terre d'avril 2009. Pendant l'une de ses nombreuses visites dans cette ville, Berlusconi plaisantait avec un groupe de militaires engagés dans les travaux de déblayage des ruines. Cette courte vidéo (une demi-minute) montre le chef du gouvernement racontant la blague suivante : « Il était une fois un bal un peu particulier : toute femme invitée à danser s'y présente par le nom d'une fleur et son cavalier doit adopter le même nom au masculin. Une fille qui se nomme "Margherita" ira donc danser avec un homme du nom de "Margherito". À côté de "Rosa", il y a "Roso". Un cavalier invite à danser Rosy Bindi. Elle a choisi le nom "Orchidea" et l'homme en la regardant de plus près crie "Orcoddio". » Berlusconi simule la terreur de cet homme à la vue de Mme Bindi et ceux qui entendent la blague se tordent de rire. Dans cette mauvaise plaisanterie, Berlusconi joue sur la ressemblance phonétique entre *orchidea* (orchidée) et *orcoddio*, blasphème de la pire espèce, qui est une déformation de *porco dio* (en français « cochonnerie de Dieu », ou « saloperie de Dieu »)... que les Italiens n'osent même pas employer dans les gradins lors d'un match de foot ! Pourtant, le très catholique (*sic* !) Silvio Berlusconi l'a utilisé en public pour offenser Mme Bindi, provoquant l'hilarité grotesque de ses jeunes courtisans tout de kaki vêtus.

Le « bunga bunga »

Berlusconi a atteint le summum de la gaffe avec la blague du *bunga bunga* qu'il a racontée au colonel Kadhafi pendant un de leurs entretiens politico-amicaux. Les autocrates comme le colonel libyen ont toujours été des interlocuteurs de choix pour

Berlusconi. En les faisant rire, le « Cavaliere » mêle la convivialité aux exigences de la politique, parvenant ainsi régulièrement à obtenir ce qu'il souhaite. Compte tenu que l'autocrate, par définition, ne doit rendre de comptes à personne, Berlusconi empoche des bénéfices considérables grâce à ses soirées pleines de bonne humeur (voire plus). L'expression *bunga bunga* vient d'une horrible blague italienne que j'ai même honte de relater. Deux Blancs, prisonniers d'une tribu africaine, peuvent choisir leur destin entre la mort et le *bunga bunga*. Le premier choisit le *bunga bunga* : il est sodomisé par des dizaines de membres de la tribu et meurt dans d'atroces souffrances. Ayant assisté au calvaire de son camarade, le second prisonnier choisit la mort, mais le chef de la tribu lui propose avec un grand sourire : « D'accord pour la mort, mais ne voulez-vous pas tâter juste un petit peu de *bunga bunga* ? » La blague, raciste et homophobe, se termine ainsi. Elle fait pleurer bien plus que rire. Je me devais pourtant de la raconter parce qu'elle est à la base d'une histoire politique, selon les confidences faites en mars 2011 à un groupe de journalistes parisiens par Nouri el-Mismari, qui a été pendant 35 ans le chef du protocole et l'un des proches du colonel Kadhafi, le président du Conseil italien a raconté au dictateur libyen la même blague après l'avoir réadaptée pour lui faire plaisir. Et voilà le résultat : « Les Africains décident de se donner un seul grand chef en la personne de Kadhafi ; mais un seigneur local, aux habitudes barbares, refuse de se soumettre au lumineux et clairvoyant leadership du colonel libyen. Berlusconi, grand ami de Kadhafi, décide d'intervenir en sa faveur en envoyant à la cour du roi rebelle deux des plus prometteurs jeunes diplomates de la Farnesina. Le souverain écoute leurs discours et prononce tout de suite sa sentence sous forme de question : mort immédiate ou *bunga bunga* ? » Vous connaissez la suite. Mais dans la version racontée par Berlusconi à Kadhafi lors d'un dîner officiel, un détail est fondamental : le leader italien se montre prêt à agir – au point de sacrifier deux de ses meilleures diplomates – pour rendre service au Libyen. La blague a été transformée pour amuser celui-ci et aussi pour lui montrer, de façon bien plus sérieuse, sa volonté de lui être particulièrement dévoué. Il paraît que Kadhafi a énormément apprécié la plaisanterie tout comme le sous-entendu diplomatique. À l'occasion de leurs rencontres successives, les deux hommes ont continué de plaisanter sur le *bunga bunga*. D'ailleurs, ils ne se sont pas contentés d'en rire. Tous deux ont appelé *bunga bunga* leurs petites orgies avec des jeunes filles bien disposées et parfois grassement rémunérées.

« *La nièce de Moubarak* »

Parmi les participants aux *bunga bunga* dans la villa d'Arcore, on trouve une certaine Ruby âgée de dix-sept ans. C'est une jeune Marocaine qui s'appelle en réalité Karima el-Mahroug. Elle a été arrêtée le soir du 27 mai 2010 et mise en garde à vue au quartier général des forces de police de la ville de Milan. Une ex-colocataire l'avait en effet accusée de vol. Ce même soir, Berlusconi est à Paris pour le sommet de l'OCDE qu'il préside[1]. Au Bourget, au moment où il s'apprête à monter dans l'avion le ramenant en Italie, le président du Conseil italien est averti par téléphone de l'arrestation de la petite Ruby. Ni une ni deux, il demande à l'un de ses collaborateurs d'agir auprès de la police milanaise puis prend part personnellement à la conversation, expliquant au chef de la police de la ville que la jeune fille est « la nièce du président Hosni Moubarak ».

Dans de telles situations, le magistrat décide normalement du transfert immédiat du mineur dans une communauté d'accueil et de réhabilitation agréée par l'État. Mais du fait de l'intimidation de Berlusconi (et du mensonge invoquant une raison d'État), Ruby est libérée et confiée à la jeune et charmante conseillère régionale de Lombardie, Nicole Minetti, grande amie du « Cavaliere » (à l'origine son assistant dentaire). Finalement, la jeune Marocaine passe la nuit du 27 mai chez sa nouvelle colocataire, la prostituée brésilienne Michelle de Conceição Santos Oliveira.

Le 28 octobre 2010, la presse italienne, en particulier le quotidien de gauche *La Repubblica*, révèle que la libération de Ruby a eu lieu grâce à l'intervention

---

[1]. D'ailleurs, lors de la conférence de presse finale, il commet une gaffe en citant une phrase de Mussolini se plaignant du « peu de pouvoir » qu'il possédait, en laissant entendre que lui en voudrait bien plus...

du chef du gouvernement. La supercherie concernant des liens familiaux entre cette dernière et le chef de l'État égyptien est aussi mise en lumière. Ce même jour, Berlusconi est à Bruxelles où il participe au très important sommet européen sur l'avenir de l'euro et les changements à apporter au traité de Lisbonne. Pendant la conférence de presse finale, il est interrogé sur ses conversations téléphoniques du mois de mai (en effet, il y a eu deux appels nocturnes depuis Paris) avec les responsables de la police milanaise. Il ne nie pas que ses pressions aient constitué une violation flagrante de la légalité républicaine mais fait un énorme pied de nez en disant au sujet de Ruby : « Moi j'aide ceux qui sont dans le besoin ! » Quelle générosité ! Quel homme désintéressé !

L'« affaire Ruby », que les médias italiens appellent tout de suite le « Rubygate », met Berlusconi dans une situation de tension psychologique sans précédent. Et voilà qu'il essaie de se justifier le 2 novembre pendant un discours public à Milan face aux entrepreneurs du secteur de la moto. Comme d'habitude, cette justification se transforme en contre-attaque. Et c'est ainsi que ce 2 novembre 2010, il tombe dans son propre piège, accumulant gaffe sur gaffe, bourde sur bourde, faute sur faute. Berlusconi, qui est lui-même l'un des principaux éditeurs de presse italiens, s'exclame : « Ne lisez pas les journaux ! », les accuse de mentir parce qu'ils traitent dans leurs colonnes du « Rubygate » et poursuit son plaidoyer en insistant sur le fait qu'il travaille énormément, et qu'en échange il a bien droit à quelques petites distractions, somme toute bien méritées, pour rendre et avoir rendu tant de services à la patrie, laquelle ne se montre pas toujours des plus reconnaissantes. Et de quoi se compose le repos du guerrier ? De jeunes et jolies filles, bien sûr. Une fois de plus, Berlusconi considère la femme comme un instrument de plaisir et de distraction. Pour se justifier davantage, il ajoute : *Meglio essere appassionati delle belle ragazze che gay.* (« C'est mieux de se passionner pour les jolies filles que d'être gay. ») Une bourde de plus. L'attaque homophobe. Elle sera reprise le 16 avril 2011 quand, de nouveau sur une tribune, Berlusconi exaltera des centaines de fans en retravaillant la même gaffe dans ces termes : *Ognuno di noi ha in sé il 25 per cento di omosessualità. Ce l'ho anch'io. Solo che dopo approfondito esame ho chiarito che la mia parte di omosessualità è lesbica.* (« Chacun de nous est homosexuel à 25 %. Moi aussi. Mais après un examen approfondi, j'ai su que ma part d'homosexualité était lesbienne. ») Berlusconi accuse implicitement ses adversaires de faire les yeux doux aux homosexuels, tandis que lui, le super-macho, est capable de séduire les femmes les unes après les autres. En réalité, ces dernières sont surtout conquises par l'argent (les témoignages de femmes payées par Berlusconi ou par ses intermédiaires sont nombreux), ou encore par des avantages d'une nature plus politique, comme la promesse de devenir représentante du peuple italien dans une assemblée régionale, nationale ou européenne. Quant au « Rubygate », il a mis sur la tête de Berlusconi non pas une mais deux épées de

Damoclès. La première est bien connue : le procès intenté contre lui à partir du 6 avril 2011 à Milan pour abus de pouvoir et prostitution avec une mineur. La seconde est liée à la situation égyptienne après la démission forcée de Moubarak. Comment réagiraient les policiers de Milan si la vraie nièce de l'ex-raïs débarquait dans leur ville ? Ils la prendraient probablement pour une prostituée, au risque de créer une situation assez délicate. Mieux vaut ne pas y penser.

D'Obama à la reine Élisabeth

Les gaffes berlusconiennes ont aussi des conséquences directes sur la politique internationale, comme ce fut le cas du baisemain à Kadhafi. Le 8 février 2002, à la tête de son second gouvernement alors qu'il assure également l'intérim du ministre des Affaires étrangères Berlusconi participe à la rencontre des ministres européens des Affaires étrangères dans la ville espagnole de Caceres. Au moment de la photo officielle, il lève son bras droit et fait le signe des cornes sur la tête du ministre espagnol Josep Piqué. Il dira plus tard qu'il voulait plaisanter face à un groupe de scouts qui assistaient à la scène.

Le 4 octobre 2002, Berlusconi tient une conférence de presse avec le Premier ministre danois Anders Fogh Rasmussen. Il déclare : *Rasmussen è il primo ministro più bello dell'Europa. Penso di presentarlo a mia moglie perchè è anche più bello di Cacciari. Con tutto quello che si dice in giro... Povera donna...* (« Rasmussen est le Premier ministre le plus beau d'Europe, je pense le présenter à ma femme car il est plus beau que Cacciari. Avec tout ce qu'on dit sur elle... Pauvre femme... ») Pour amuser la galerie et éviter des questions gênantes de la part des journalistes présents, Berlusconi laisse entendre qu'il y aurait une relation intime entre sa propre épouse Veronica Lario, mère de trois de ses cinq fils et le philosophe de gauche Massimo Cacciari. Celle-ci a pris très mal cette remarque indélicate, et l'accusera plus tard ouvertement d'avoir des relations avec des mineurs. Le Premier ministre danois est resté quant à lui très perplexe.

Le 1er juillet 2003, Berlusconi est au Parlement européen à l'occasion du début du semestre de la présidence italienne de l'Union. Le débat est houleux. L'Allemand Martin Schultz, chef du groupe socialiste, provoque le « Cavaliere » par des phrases comme : « Vous n'êtes pas responsable de l'intelligence de vos ministres, mais vous l'êtes de leurs affirmations », allusion aux propos de Bossi en matière d'immigration. Berlusconi tombe alors dans le piège et répond à cette provocation ; la présidence européenne de l'Italie commence ainsi par une gaffe. Il s'adresse ainsi en ces termes à Schultz : *Signor Schultz, c'è in Italia un produttore che sta girando un film sui lager nazisti. La suggeriro' per il ruolo di kapo. Lei è perfetto.* (« Monsieur Schultz, un réalisateur italien est en train de tourner un film sur les "Lager" nazis. Je vous propose le rôle de kapo. Vous serez parfait pour cela. »)

Le 21 juin 2005, Berlusconi tient une conférence de presse à Parme à l'occasion de la naissance de l'Agence européenne pour la sécurité alimentaire, dont les Italiens et les Finlandais se sont longtemps disputé le siège. Pour expliquer son succès, Berlusconi assène : *Per ottenere la presidenza italiana ho rispolverato tutte le mie arti da playboy, per utilizzare tutta una serie di sollecitazioni amorevoli nei confronti della signora Tarja Halonen, Presidente della Repubblica di Finlandia.* (« Pour obtenir le siège de l'Agence alimentaire européenne à Parme, j'ai dû utiliser tous mes atouts de play-boy, faisant recours à une série de sollicitations amoureuses vis-à-vis de Mme Tarja Halonen, présidente de la République de Finlande. ») Cette idée d'avoir fait du charme et séduit la chef d'État pour permettre un rayonnement plus puissant de l'Italie sur la scène européenne amuse Berlusconi mais pas le gouvernement d'Helsinki. La gaffe produira un véritable incident diplomatique entre Rome et la capitale finlandaise.

Le 6 novembre 2008, c'est le G-Day (g comme gaffe) au sujet de la couleur de peau d'Obama. Alors que Berlusconi se trouve à Moscou pour un sommet bilatéral italo-russe, une conférence de presse avec le président Medvedev a lieu. Obama venant d'être élu, on ne peut que l'évoquer. Berlusconi a affirmé avoir dit au dirigeant russe : *Obama ha tutto per andare d'accordo con lui perché è giovane, è bello ed è anche abbronzato.* (« Obama a tout pour que les gens soient d'accord avec lui car il est jeune, beau et aussi bronzé. ») Medvedev (jeune, beau et bronzé seulement pendant l'été) n'a fait que sourire, mais la polémique a enflé et certains ont accusé Berlusconi de nourrir des tendances racistes. Obama lui-même n'a pas apprécié la plaisanterie. Le gouvernement italien a dû faire preuve de diplomatie aux États-Unis et à l'Onu pour obtenir son pardon. La médiation de Nancy Pelosi, Italo-Américaine, amie du nouveau président, membre éminent de son parti et à cette époque *speaker* (président) de la Chambre des représentants à Washington, y a été pour beaucoup. C'est peut-être pour effacer les conséquences négatives de l'« affaire Obama bronzé » (« plaisanterie affectueuse » d'après Berlusconi) que le président du Conseil italien a commencé à manifester de grandes sympathies pour le locataire de la Maison-Blanche, surtout après son investiture à Washington en janvier 2009, en pleine période de crise économique.

En effet, la Bourse est alors dans la tourmente, le chômage monte et l'on commence à s'interroger sur la mauvaise humeur des dieux protecteurs du capitalisme. Les leaders des différents pays se concertent entre eux, en décidant de se réunir pour parler de la situation et surtout montrer aux marchés internationaux (et à la spéculation internationale) un signe de vitalité. On convoque à Londres le premier G-20 de l'histoire et – pour bien signifier qu'on ne plaisante pas – on choisit la date du 1er avril. Le jour suivant, les jeux sont faits. Tout le monde est content d'avoir participé à ce conclave. Les participants se réunissent pour une dernière photo de famille avec la reine Élisabeth, assise au premier rang, auprès du Premier ministre Gordon Brown, à sa droite, et du président brésilien Lula, à sa gauche. Le mantra des flashes est brutalement interrompu par une voix de stentor à l'accent milanais qui crie : *Mister Obama, Mister Obama !* C'est Silvio, qui, immédiatement après le cliché officiel, a voulu se rapprocher du président américain pour l'accolade de l'amitié retrouvée et peut-être de la soumission. L'action se déroule à Buckingham Palace. Or, on ne crie pas à la cour de la reine d'Angleterre. Elle seule pourrait en prendre la liberté. Commettre tel acte d'imprudence devant la reine est pire que se curer le nez. Élisabeth II juge que trop, c'est trop et lance à ses voisins une phrase qui n'a pas échappé aux micros présents partout dans la salle : « Mais pourquoi doit-il crier ? » Voilà le chef-d'œuvre de Berlusconi : faire que la reine Élisabeth perde son légendaire flegme britannique.

IV

So British !

Philip, King of Gaffes

« Roi des gaffes » ou « Duc de l'imprévisible » (« King of Gaffes » et « Duke of Hazard »), voilà les titres, certainement les fruits d'une mûre réflexion, dont la BBC a affublé le prince consort Philip. Il est vrai que les bourdes jaillissent avec une extraordinaire spontanéité des lèvres de Philip Mountbatten, prince de Grèce et du Danemark et surtout fait duc d'Édimbourg par son mariage, en 1947, avec Élisabeth d'Angleterre, devenue reine en 1952. Fils du prince André de Grèce, Philip, né en 1921 à Corfou, a été naturalisé britannique peu avant ses noces. Les gaffes du duc d'Édimbourg sont souvent filles de stéréotypes plus que du traditionnel *sense of humour* britannique. Certains les interprètent comme le signal de détresse d'un homme réduit à une fonction marginale tout en restant paradoxalement au centre de la scène institutionnelle. La maladresse, le faux pas, le clin d'œil trop appuyé sont les revanches d'un figurant de luxe. Le mari de la reine. Le « géniteur » au service de l'abeille royale. La gaffe serait sa manière à lui d'exister. Loin de la retenue *so British*, l'humour du prince consort est fondé sur la banalité, voire la vulgarité et le mépris. Un uppercut direct, spontané, sans le raffinement du double sens ou du jeu de mots. Philip d'Édimbourg aime les généralités ; en 1966, il déclare que la femme anglaise est nulle en cuisine : *British women can't cook*. Toujours d'après lui, les sujets de Sa Majesté ne savent pas ce qu'ils veulent et sont trop oisifs. C'est pourquoi il déclare en 1981, en période de troubles économiques : *Everybody was saying we must have more leisure. Now, they are complaining they are unemployed.* (« Ils affirmaient tous qu'ils avaient besoin de plus de temps libre. Et maintenant ils se plaignent de se retrouver au chômage »).

En mars 2010, le duc d'Édimbourg accompagne sa royale épouse dans le Devon, pour la célébration des 150 ans des « cadets de la marine ». Cette vénérable institution est formée de jeunes et fringantes recrues. Philip s'intéresse particulièrement à une charmante jeune fille en tenue militaire, membre volontaire des cadets. Elle s'appelle Elizabeth Rendle, a vingt-quatre ans et sourit, heureuse, quand le prince lui serre la main. Il en profite pour échanger quelques mots avec elle et la questionner au sujet d'un éventuel job qui l'aiderait à boucler ses fins de mois. Elizabeth Rendle est une fille sincère, elle répond : « Oui, je bosse dans une boîte de nuit ! » Et le prince : « Dans un club de strip-tease ? » Elizabeth (la volontaire des cadets, pas la reine d'Angleterre), très fair-play, rapporta à la presse que le prince Philip « essayait juste de détendre l'atmosphère ». Elle ajouta : « Bien sûr, je lui ai dit que ce n'est pas ce que je fais. » Le jeune cadet a évité une salve bien plus dévastatrice : un jour, Philip aurait interrogé une militante de la protection des animaux, farouchement opposée aux manteaux de fourrure, pour savoir si la culotte qu'elle portait était en fourrure. *Shocking !* Il semblerait que la matière avec laquelle sont fabriqués les dessous de ses concitoyennes l'intéresse grandement. Le 16 septembre 2010, au palais de Holyrood (Édimbourg), alors que quatre cents invités triés sur le volet attendent le pape, le prince se saisit de la cravate en tartan du chef du Parti travailliste écossais, Iain Gray, cinquante-trois ans, et demande à Annabel Goldie, soixante-et-un ans, célibataire et leader charismatique des conservateurs, si elle possède « une paire de petites culottes de la même étoffe » : *Have you got a pair of knickers made out of this stuff ?* La députée s'écroule de rire et répond, comme à son habitude, du tac au tac (ou peut-être du « tact » au « tacle ») : *I can't possibly comment. And even if I did I couldn't possibly exhibit them.* (« Je ne peux aucunement vous donner de détails, et si je le faisais, je ne pourrais aucunement vous les présenter. ») Par la suite, elle louera la liberté de ton du prince (alors âgé de quatre-vingt-neuf ans) : *It's marvellous that humour is alive and well in the Royal Family.* (« C'est merveilleux que le sens de l'humour de la famille royale reste aussi vigoureux. »)

Philip voyage souvent et ses gaffes font le tour du monde. « Vous êtes une femme, n'est-ce pas ? »

demande-t-il en 1984 à une Kenyane peu féminine habillée en tenue tribale. Lors d'une visite officielle en Chine, en 1986, il fait deux nouvelles bourdes. Il définit comme « atroce » la ville de Pékin, offensant ainsi le pays qui l'a invité. Le prince rencontre ensuite un groupe d'étudiants britanniques qu'il met en garde : « Si vous restez ici un an, vous aurez tous les yeux bridés de retour à la maison ! » Cette allusion au risque d'une déformation physique des sujets de la Couronne résidant à l'étranger est récurrente chez le duc d'Édimbourg. En 1993, en déplacement en Hongrie, il s'exclame face à un résident anglais : *You can't have been here that long – you haven't got a pot belly* (« Vous ne pouvez avoir vécu ici depuis si longtemps, vous n'avez pas un gros ventre ») – à croire que selon lui, toutes les personnes vivant sur le territoire magyar devraient être ventripotentes (à cause d'une consommation excessive de bière, sans doute).

En 1999, Philip est en visite à Cardiff, où il reçoit les hommages d'un groupe de jeunes sourds-muets. Dans le comité d'accueil se trouve aussi un ensemble de percussions caribéennes peu économe en décibels. Philip s'exclame : *Deaf ! If you are near there, no wonder you are deaf !* (« Si vous vivez dans le coin, pas étonnant que vous soyez sourds ! »)

Lors d'un voyage aux îles Caïman, le prince demande : « La plupart d'entre vous doivent être descendants de pirates, non ? » (*Aren't most of you descended from pirates ?*) Les habitants de l'archipel peuvent descendre d'anciens pirates tout autant que les Britanniques, et d'autant plus que les pirates actuels de la City (ceux qui ont pour port d'attache des paradis fiscaux) font la navette entre les eaux turquoise des îles Caïman et celles de la Tamise. En 1998, il rencontre un étudiant anglais qui avait parcouru la Papouasie-Nouvelle-Guinée et lui dit : « Vous avez donc réussi à ne pas vous faire manger ? »

Vastly exaggerated (« Extrêmement exagérée »), voilà comment Philip qualifie la manière dont le massacre de Jallianwala Bagh est rapporté. Le 13 avril 1919, à Amritsar, ville du nord-ouest de l'Inde, l'armée de l'empire britannique a tiré sans sommation sur des manifestants pacifiques femmes et enfants compris. Si le nombre des victimes (un millier) est sujet à discussion, l'extrême gravité de cette barbarie coloniale ne saurait être remise en cause.

Le 13 mars 1996 a lieu en Écosse le « massacre de Dunblane », une tuerie dans une école qui coûte la vie à seize enfants et à leur institutrice. L'émotion est grande, on évoque la violence et la circulation d'armes en tous genres. Le prince Philip prononce alors à cette occasion une phrase tout à fait inappropriée : « Si un joueur de cricket fait irruption dans une école et tue plein de gens avec une batte, ce qu'il pourrait facilement faire, est-ce qu'on va interdire les battes de cricket ? » Encore une fois, il fait preuve d'un cynisme et d'une ironie tout à fait déplacés.

Last but not least. Parmi les gaffes du duc d'Édimbourg, citons-en une particulièrement emblématique. En visite au Paraguay, il rencontre le dictateur Alfredo Stroessner, qui a dirigé d'une main de fer cette république sud-américaine de 1954 à 1989, et lui dit : *It's a pleasure to be in a country that isn't ruled by its people.* (« C'est un plaisir de se trouver dans un pays qui n'est pas gouverné par son peuple. ») On ne peut qu'espérer qu'il s'agissait là d'ironie...

Quand Harry s'habille en nazi

À quoi rime cette lubie britannique qui consiste à revivre le nazisme sous des airs de carnaval ? Le nazisme ne fait pas rire et n'amuse aucune personne sensée. Peut-être que le fait de se glisser dans les bottes d'un officier des forces hitlériennes procure l'ivresse de la toute-puissance sur les autres, mais hélas, on sait où ce cauchemar a conduit l'humanité, et il est regrettable que des personnes normalement constituées (et qui ont un rôle de première importance) se laissent aller à de tels dérapages.

En mars 2008, Max Mosley, avocat britannique et président de la FIA (Fédération internationale de l'automobile) fait une sortie de route en participant à une orgie sadomaso où – selon les reportages de la presse londonienne et la vidéo diffusée sur le Web – il inflige des sévices à des prostituées déguisées en prisonnières d'un camp de concentration nazi. Mosley pousse la mise en scène jusqu'à utiliser la langue de Goethe pour ses interrogatoires. Atavisme familial ? L'homme n'est autre que le fils d'Oswald Mosley, leader des Chemises noires britanniques, et grand ami de Goebbels.

Fascination perverse pour Mosley, provoc' stupide pour Henry de Galles. Janvier 2005, la famille royale britannique est forcée de présenter les excuses du prince Harry, âgé de vingt ans à l'époque, après la publication en première page du quotidien populaire *The Sun* d'une photo le montrant en uniforme de parade nazi. L'image avait été prise lors d'une fête costumée, et le choix de ce déguisement n'était certainement pas une démonstration de bon goût ni de bon sens de la part d'un représentant de la *Royal Family*. Le jeune prince a juste donné l'impression d'être déconnecté de la réalité et de ne pas avoir su tirer toutes les leçons de l'histoire. Le Conseil des institutions représentatives des Juifs de Grande-Bretagne a accepté les excuses du fils cadet de Charles et de Diana, en affirmant : « L'incident était de mauvais goût, particulièrement dans la période qui précède la journée commémorative de la mémoire de l'Holocauste au cours de laquelle la famille royale jouera un rôle important. » Finalement, cette tête de linotte a été pardonnée.

La ménagère non apprivoisée

Les innombrables « ménagères », figure exploitée par les publicitaires et peu aimée des hommes politiques, sont capables de poser des questions précises et désagréables, nourries de leur expérience quotidienne. Si elle n'est pas satisfaite, la ménagère le fait savoir sans trop de complaisance. Elle lit les revues *people* mais connaît aussi le prix de la pomme de terre et s'énerve au rythme de l'inflation. Pendant leurs tournées préélectorales, les hommes (et parfois aussi les femmes) politiques craignent les conversations d'après-meeting avec ces ménagères de plus de cinquante ans, dans lesquelles ils voient surtout des mégères. Tout homme politique en campagne électorale a dû souffler à l'oreille d'un collaborateur le mot rendu célèbre par Jacques Chirac : « emmerdeuse ».

Le 28 avril 2010, l'ex-Premier ministre travailliste Gordon Brown, né en 1951 et successeur en 2007 de son camarade de parti Tony Blair à la tête du gouvernement de Sa Majesté, bat la campagne nord-occidentale de l'Angleterre, en vue des législatives du 6 mai. Il s'arrête dans la ville de Rochdale, où il prononce un discours et serre des mains. Ses collaborateurs lui présentent alors une veuve de soixante-six ans, retraitée de souche populaire, sympathisante travailliste du nom de Gillian Duffy, qui veut parler au Premier ministre du fonctionnement de l'État social, de la fiscalité et du prix des biens de consommation. Elle affirme : « Beaucoup de gens qui ne sont pas vulnérables réclament et obtiennent des allocations, alors que d'autres, qui se trouvent vraiment dans une situation de grande précarité, ne reçoivent rien. » Inquiète face aux « plombiers polonais », elle ajoute : « Et on ne peut rien dire sur les immigrés. Tous ces Européens de l'Est, que peut-on faire ? » Gordon Brown se montre intéressé, sensible, courtois. Mais en réalité, il ne supporte plus cette austérité et cette insistance.

Immédiatement après leur rencontre, Gillian Duffy et Gordon Brown commentent leur échange de manière diamétralement opposée. La première, interrogée par les journalistes, précise qu'elle a toujours voté pour les travaillistes et ajoute que le Premier ministre a été « très gentil » à son égard. De son côté, Gordon Brown rentre dans sa Jaguar noire et lance à ses collaborateurs : « C'était un désastre. C'est tout simplement ridicule. On n'aurait jamais dû organiser une rencontre avec cette femme. Qui a eu cette idée ? » Sur la personne de Mme Duffy, le voilà qui s'exclame : « C'était juste une bigote » (*bigoted woman*). Mais, surprise ! Enfermé dans sa limousine, Brown est en train – sans le savoir – de s'adresser à la presse exactement comme son ex-interlocutrice de Rochdale. En effet, il a oublié qu'il portait un micro-cravate installé par une chaîne télé, encore parfaitement allumé et qui transmet ses douces paroles.

Catastrophe. Les chaînes diffusent en boucle les propos insultants et si peu *politically correct* du Premier ministre. Dans le monde entier, via le Web, l'enregistrement en question est consulté des milliers de fois. Gillian Duffy devient une star. Interviewée à nouveau, elle se dit « très déçue » par les mots du Premier ministre qu'elle définit comme « très contrariants », et elle pose la question suivante : « C'est quelqu'un d'instruit, pourquoi a-t-il ce genre de mots ? » Avec tout le respect que Brown mérite, on a envie d'expliquer à la veuve de Rochdale : « Mais, chère Mme Duffy, à votre âge, vous n'avez donc pas appris que les personnes les plus instruites, les plus puissantes et les plus riches sont parfois les plus insensibles, les plus égoïstes et les plus vulgaires ? »

Bien sûr, le Premier ministre s'empresse d'exprimer ses regrets, mais les carottes sont cuites et les sondages aussi. Gordon Brown, dans un premier élan, appelle personnellement Gillian Duffy et fait son *mea-culpa* public devant les micros de la BBC, en espérant cette fois qu'ils soient bien branchés, puis retourne même à Rochdale lui rendre visite pendant quarante minutes ; finalement, il envoie un courriel d'excuses à tous les militants travaillistes dans lequel il déclare : *The worst thing about today is the hurt I caused to Mrs Duffy, the kind of person I came into politics to serve.* (« Le pire dans cette histoire est que j'ai blessé Mme Duffy, alors qu'elle représente les personnes pour lesquelles je me suis engagé en politique. ») Il me fait penser à cet avocat anglais interprété par John Cleese dans le film *Un poisson nommé Wanda*, tenu par les pieds, tête dans le vide et menacé d'être lâché à tout instant. Ce personnage était dans une situation où il ne pouvait rien faire d'autre que s'excuser. Tout comme Gordon Brown. La presse protory s'est acharnée contre le chef du Labour Party. « Duffy a mis Brown à genoux », s'est réjoui *The Times*. « Un hypocrite qui fait honte » est le titre bien plus désagréable du *Daily Express*. De son côté, le *Daily Telegraph* affirme de façon péremptoire : « Jour de catastrophe ». Il faut parfois se méfier de ses amis, car pour *The Guardian*, quotidien de gauche, ce dérapage aurait montré la véritable personnalité de Gordon Brown, devenu objet de raillerie : « Pas étonnant si la direction du Labour tentait de maintenir le Premier ministre à bonne distance du public. » Le journal a aussi souligné que la gaffe « ne pouvait intervenir à un pire moment », et de trancher, à l'instar du *Daily Telegraph* : « La catastrophe politique de la campagne ». Le terme « catastrophe » était peut-être exagéré, mais le prix payé par Gordon Brown pour sa gaffe du 28 avril 2010 a sans doute été lourd.

V

L'HERBE LAPSUS AU JARDIN DE LA MAISON-BLANCHE

Reagan entre silences et bombes

Il y a de la tension dans le monde, ce vendredi 4 juin 1982, et surtout en France, quand François Mitterrand (soixante-cinq ans) invite à déjeuner à l'Élysée le président des États-Unis, le républicain Ronald Reagan, alors âgé de soixante-et-onze ans. Le jour précédent, un attentat a été perpétré contre l'ambassadeur israélien à Londres, ce qui conduira bientôt le gouvernement Begin à attaquer le Liban. Une guerre terriblement meurtrière est en cours entre l'Iran de Khomeiny et l'Irak de Saddam Hussein. L'Armée rouge de l'Union soviétique tente quant à elle de renforcer son contrôle sur l'Afghanistan, envahi fin 1979. Entre Est et Ouest, le torchon brûle au sujet des « euromissiles », l'Otan a décidé d'implanter les fusées Cruise et Pershing II dans l'Europe occidentale pour répondre à la présence des SS-20 soviétiques en Europe orientale. En Pologne, les autorités prosoviétiques ont imposé en 1981 la loi martiale, mettant ainsi fin à la mutation démocratique du pays. Tout cela explique la nécessité de consolider vraiment une entente entre pays qui se disent alliés et de l'afficher.

Le matin de ce 4 juin, des journalistes (dont je fais partie, fraîchement arrivé de Milan pour l'occasion) font la queue au Quai d'Orsay afin de retirer les accréditations pour le sommet du G7, qui débute à Versailles le soir même. Giscard avait inauguré en 1975 à Rambouillet la liturgie de ces sommets. Après sept rencontres, Mitterrand a décidé d'accueillir ses invités à Versailles (peut-être pour montrer à ses hôtes que la France de gauche n'a aucune intention de couper des têtes).

Quelques heures avant le début de la rencontre, Mitterrand et la délégation française reçoivent donc à l'Élysée Ronald Reagan, ses ministres et ses conseillers. Mitterrand veut parler des principaux sujets de l'actualité planétaire et pense trouver en Reagan un interlocuteur déterminé autant que compétent. Il est donc sidéré – comme tous les Français présents à ce déjeuner – face à l'incommensurable ignorance du locataire de la Maison-Blanche. En effet, ce dernier manifeste à la fois sa connaissance assez limitée des grands dossiers de politique étrangère et son incapacité à en parler sans se reporter au script préparé par son équipe. Réflexe d'un ancien comédien sans doute. Le déjeuner commence et, dans le silence général, Mitterrand demande au président américain son avis et ses intentions concernant la Pologne.

Reagan ne dit mot. Il plonge sa main dans la poche intérieure gauche de sa veste et en sort une poignée de fiches cartonnées rectangulaires et couvertes de notes. Il passe les fiches une à une, jusqu'à piocher celle traitant de cette question. De son beau timbre hollywoodien, Reagan la lit du début à la fin à Mitterrand et à toutes les personnes présentes sans y ajouter un seul mot. Il a évidemment peur de dire une bêtise. Lorsqu'il s'agit de faire un long discours démagogique sur les crimes du communisme, Reagan se sent sûr de lui et se révèle des plus prolixes, mais quand il faut exposer un point de vue sur une question précise de relations internationales, le chef d'État préfère se référer à une fiche puis rester coi.

Mitterrand est médusé. Il espérait des opinions personnelles et un échange de points de vue en toute confidentialité. Pour connaître le texte des communiqués du Pentagone ou de la Maison-Blanche, il n'avait pas besoin de sabler le champagne ni de mobiliser ses meilleurs cuisiniers. Le président français insiste donc et c'est ainsi que Reagan commet un impair encore plus grave. Avant de vous le narrer, je préciserai que les deux récits à ce sujet – bien que concordants sur le fond – divergent sur un point. Selon Roland Dumas[1], Mitterrand pose à Reagan une question sur l'Afghanistan. L'Américain parcourt rapidement ses fiches, mais, « ne trouvant sans doute aucune information [à ce sujet] », ne dit mot. Le

---

1. *Affaires étrangères*, tome I (1981-1988), Fayard, 2007, p. 81.

silence devient pesant, quand le secrétaire d'État, Alexander Haig, répond au nom de l'administration américaine. Sans antisèche. Le récit de Jacques Attali[1] est encore plus surprenant. En réalité, Reagan aurait trouvé la fiche sur l'Afghanistan et l'aurait lue, comme celle sur la Pologne. C'est là que Mitterrand pose la troisième question, cette fois sur la guerre Iran-Irak. Selon Attali, « Reagan feuillette ses fiches, ne trouve rien, les replace dans sa poche. Silencieux et souriant, il se remet à manger. Après un assez long moment, le général Haig répond à sa place. » Malgré la différence ténue entre les deux versions, la légèreté de Reagan est indiscutable. Sur trois sujets fondamentaux de politique étrangère – qui restent encore brûlants –, il n'a pas su exprimer une opinion personnelle ou se faire le représentant de son administration.

La gaffe suivante de Ronald Reagan est doublement intéressante. Elle est très célèbre et montre l'envie presque compulsive de l'intéressé de fonder sa politique internationale sur un défi tous azimuts lancé à l'Union soviétique. En 1984, Reagan est sur le point de réaliser son intervention hebdomadaire à la radio. Au moment des essais de micro, quand il s'agit de régler le niveau de la voix, les intervenants s'échauffent en direct en comptant de un à dix, en évoquant leur famille ou en faisant des déclarations fantaisistes. Et voilà Reagan qui affirme : « Mes chers concitoyens, je suis heureux de vous annoncer que j'ai signé

---

1. *Verbatim*, tome I (1981-1986), Fayard, 1993, p. 238.

aujourd'hui une loi qui va rendre l'Union soviétique illégale à tout jamais. Nous allons commencer les bombardements dans cinq minutes. » L'idée même de bombarder Moscou devait être le premier fantasme de l'ex-acteur devenu gouverneur de la Californie puis élu président des États-Unis en 1980 à la place du démocrate Jimmy Carter.

Le même Carter qui avait dépossédé le président sortant Gerald Ford de son siège grâce à une monumentale gaffe de ce dernier, le 6 octobre 1976, lors du grand débat préélectoral consacré à la politique étrangère. À une question sur les relations avec Moscou, Ford avait répondu à Max Frankel, l'animateur du débat, journaliste au *New York Times* : *I'm glad you raised it, Mr. Frankel. In the case of Helsinki, 35 nations signed an agreement, including the secretary of state for the Vatican – I can't under any circumstances believe that His Holiness the Pope would agree by signing that agreement that the thirty-five nations have turned over to the Warsaw Pact nations the domination of the Eastern Europe. It just isn't true... There is no Soviet domination of Eastern Europe and there never will be under a Ford administration.* («Je suis heureux que vous souleviez cette question. En ce qui concerne Helsinki, trente-cinq nations ont signé un accord, et parmi les signataires il y a le secrétaire d'État du Vatican. Je ne peux croire que Sa Sainteté le pape ait pu accepter cet accord s'il avait impliqué que les trente-cinq signataires livrent l'Europe de l'Est à la domination des membres du pacte de Varsovie. C'est tout simplement faux... Il n'y a aucune domination soviétique sur l'Europe de l'Est, et il n'y en aura jamais sous l'administration Ford. ») Incroyable. Comment pouvait-il affirmer cela ? Seul le bureau de Propagande de Moscou aurait pu tenir de tels propos, en ajoutant dans la même veine que l'alliance de Budapest et de Varsovie avec le Kremlin était librement consentie. Max Frankel n'en croit pas ses oreilles et revient à la charge : *I'm sorry, I – could I just follow – did I understand you to say, sir, that the Russians are not using Eastern Europe as their own sphere of influence in occupying most of the countries there and making sure with their troops that it's a Communist zone ?* (« Pardon, mais si je vous suis bien, dois-je comprendre que les Russes n'imposent pas leur influence sur l'Europe de l'Est, et que la plupart de ces pays ne sont pas soumis à une occupation militaire pour s'assurer le maintien de la zone communiste ? ») Il aurait été opportun que Gerald Ford connaisse un proverbe vénitien, fort utile dans la gestion des gaffes. Cette maxime d'une grande sagesse (que je cite, bien sûr, en vénitien et non pas en italien) est la suivante : *El tacon l'é pegio del buso.* Soit, de la langue de Goldoni à celle de Molière : « La rustine est pire que le trou. » Celui qui veut essayer de réparer une faute, voire une gaffe, risque toujours de rendre la situation plus délicate. Surtout, ne pas s'enferrer dans l'erreur. Hélas, Ford persiste et signe : *I don't believe, Mr. Frankel, that the Yugoslavians consider themselves dominated by the Soviet Union. I don't believe that the Romanians consider themselves dominated by the Soviet Union. I don't believe that the*

Poles consider themselves dominated by the Soviet Union. (« Je ne pense pas, monsieur Frankel, que les Yougoslaves se considèrent comme dominés par l'Union soviétique. Je ne pense pas que les Roumains se considèrent comme dominés par l'Union soviétique. Je ne pense pas que les Polonais se considèrent comme dominés par l'Union soviétique. ») Les carottes étaient cuites. Les allégations ultérieures de Ford quant à l'impossibilité des Soviétiques de dominer l'esprit polonais n'y ont rien fait, puisque, évidemment, la question de Max Frankel concernait la domination géographique et non pas spirituelle de la Pologne. Alan Schroeder, professeur en journalisme à la Northeastern University de Boston, dans son livre *Presidential Debates : Forty Years of High Risk TV*, note : *That was a gaffe that took him some time to recover from – mostly because he did not back away from the statement.* (« Il lui fallut du temps pour se remettre de cette gaffe, principalement parce qu'il n'est jamais revenu sur sa déclaration. ») Si le professeur Alan Schroeder avait été vénitien, il aurait dit tout simplement : *El tacon l'é pegio del buso...*

George W. Bush et les « bushismes »

« Tu vois là-bas, il y a Adam Clymer du *New York Times*, c'est un salopard de première catégorie » (*major-league asshole*), s'exclame George W. Bush, gouverneur du Texas et candidat républicain à la présidence, devant un microphone allumé (ce qu'il ignore alors). Voilà une belle mise en bouche annonciatrice des gaffes multiples qui se succéderont pendant deux mandats (de janvier 2001 à janvier 2009), durant lesquels un néologisme a été forgé et est entré dans le langage politique américain : le mot *bushism*, le « bushisme ». Il s'agit d'un cocktail de lapsus, gaffes et approximations dont l'ancien locataire de la Maison-Blanche connaissait la secrète alchimie (« La troisième priorité est de donner la première priorité à l'instruction » en est un bel exemple). Le tout mélangé à des discours de grande politique, nationale ou planétaire, sur un ton de conversation de bistrot. En voici quelques exemples.

Du pupitre de la Maison-Blanche, face à un parterre de journalistes et dans la perspective de sa réélection, Bush relance la lutte contre le terrorisme avec cette phrase célèbre : « Les terroristes recherchent sans cesse de nouveaux moyens pour nuire à notre pays ; et nous aussi ! » Ses paroles devraient rassurer les Américains, mais elles les conduisent paradoxalement à s'interroger sur les véritables intentions de leur président. Toujours en 2004, après sa réélection, George W. Bush recherche activement le contact avec la population américaine. Lors d'un meeting dans le Wisconsin, il évoque une histoire qui l'a beaucoup impressionné : celle d'un bijoutier irakien qui a eu les deux mains coupées, paraît-il, sur ordre de Saddam Hussein. Bush explique que l'homme a été considéré comme coupable de trafic illégal de devises. Il raconte : « À la suite de la dévaluation du dinar soviétique, cet homme s'était procuré des dollars et des euros pour acheter de l'or nécessaire à la fabrication de ses bijoux. » Évidement, le dinar est irakien et pas soviétique. D'ailleurs, en 2004, l'URSS n'existait plus depuis longtemps. Simple réflexe sans doute, car la famille Bush a établi son fonds de commerce sur la psychose antisoviétique. Illusionniste mais mauvais prestidigitateur, lors d'une conférence, George W. s'emmêle les pinceaux : il évoque la droite mais présente sa main gauche et vice-versa. Il n'est pas seulement maladroit avec ses mains mais aussi avec les dates. En juin 2007, la reine Élisabeth II fait un voyage officiel aux États-Unis. Lors de sa réception, Bush commet une gaffe qui pourrait laisser croire à une plaisanterie de mauvais goût au sujet de Sa Gracieuse Majesté. Dans un discours public visant à vanter la longue amitié entre les deux pays, le président s'adresse à elle de la façon suivante : « Après tout, vous avez dîné avec dix présidents américains. Vous avez aidé notre pays à célébrer son bicentenaire en dix-sept-cent... » et il se corrige immédiatement avec un sourire : « En 1976. » Eh oui, en 1776, ce n'était pas Élisabeth II qui acceptait l'indépendance de son ancienne colonie. À force d'enfoncer des portes ouvertes, il fallait bien qu'une d'elles restât fermée. Pendant une rencontre internationale en Chine, George W. termine sa conférence de presse. Il s'éloigne du pupitre et se dirige d'un pas décidé vers une grande porte close. Il essaie à plusieurs reprises de l'ouvrir mais celle-ci est condamnée. Pour ne pas se condamner lui-même au ridicule, il tente de trouver une porte de sortie et se fige comme s'il posait pour les photographes à côté de la porte récalcitrante.

Même si la religion est une source d'inspiration pour Bush fils, les voies du Seigneur restent impénétrables et Jésus-Christ, qu'il considère comme « le plus grand philosophe politique », ne lui a pas toujours transmis une pensée claire ni insufflé le mot juste. En juillet 2001, George W. Bush est en Italie pour participer au G8 à Gênes. Il en profite pour faire un crochet à Rome et rencontrer Jean-Paul II dans sa résidence de Castel Gandolfo. Dans la Ville éternelle, il fait une déclaration qui résume brillamment sa ligne politique : « Je sais ce que je crois. Je continuerai à exprimer ce que je crois, et ce que je crois... je crois que ce que je crois est bien. » Voilà un raisonnement circulaire qui se mord la queue et qui se fait l'écho des certitudes à l'américaine.

Plus récemment, le 14 octobre 2007, George W. Bush fait une jolie entorse au protocole du Vatican : à l'issue de l'audience que le souverain pontife vient de lui accorder, il affirme que le pape est « un homme très intelligent, plein d'amour », mais il se rend compte trop tard qu'il a appelé Benoît XVI « monsieur » et non pas « Votre Sainteté ». Peccadille pardonnable pour ce méthodiste peu concerné par l'étiquette vaticane.

Bien au-delà des « bushismes » verbaux, la présidence de George W. Bush a été marquée par une bourde monumentale : l'annonce en grande pompe de la victoire en Irak alors que la confrontation militaire se poursuivait, meurtrière et fluctuante. Le

1ᵉʳ mai 2003, le président arrive à bord du porte-avions USS *Abraham Lincoln* qui arbore au sommet de sa tour de contrôle une gigantesque banderole avec seulement deux mots : *Mission Accomplished*. Le hic est que la mission qui avait été impartie à l'armée américaine, vaincre Saddam Hussein, gagner la paix et établir la démocratie et la stabilité dans la zone, était bien loin d'être accomplie. Beaucoup de soldats américains perdront la vie dans les mois et les années qui suivront en tentant d'atteindre ce but. Cette annonce de victoire pompeuse, prématurée, et dictée par les exigences de la propagande bien plus que par l'analyse de la réalité, a montré à l'Amérique et au monde entier les limites de la superpuissance américaine et surtout celles de son président. L'Amérique de l'après-Bush ne sera pas l'hyperpuissance imaginée par certains, mais, au contraire, un pays contraint d'affronter certaines de ses faiblesses et de rechercher, dans des conditions parfois bien délicates, la collaboration européenne, japonaise et chinoise. L'arrogance de l'Amérique de George W. Bush qui, le 20 mars 2003, avait attaqué l'Irak sans l'explicite autorisation de l'Onu, a révélé au grand jour les contradictions d'une nation incapable d'imposer sa volonté par la seule force de ses armes, prête à investir des sommes considérables pour garder sa primauté militaire mais forcée en même temps de s'endetter et surtout de se réjouir de vendre massivement ses bons du Trésor à l'ex-ennemi chinois. Le discours du 1ᵉʳ mai 2003, télétransmis dans toute la planète, conçu pour célébrer la force des États-Unis, est en fait devenu le révélateur de leurs difficultés. La fanfaronnade de Bush fils est ainsi devenue le symbole d'une Amérique autocentrée se proclamant la championne du bien.

Dan l'« inoubliable »

Dans la même veine manichéenne et ignorante du monde extérieur, Sarah Palin est le versant féminin de George W. Bush, avec qui la candidate républicaine à la vice-présidence en 2008 n'est pas en reste. Voici une de ses « perles » de la plus belle eau. En novembre 2010, durant l'émission de radio du célèbre journaliste Glenn Beck, elle a confondu les deux Corées, en parlant avec conviction de « nos alliés Nord-Coréens ». Soyons diplomates, ne le disons pas aux Sud-Coréens.

On peut aussi se remémorer les gaffes qui ont fait la célébrité de Dan Quayle, vice-président républicain au visage poupon de George Bush père, de 1989 à 1993. Ce personnage n'a cessé d'être ridiculisé en raison de ses déclarations et commentaires contradictoires et confus. Il a notamment affirmé : *I believe we are on an irreversible trend toward more freedom and democracy – but that could change.* (« Notre pays est engagé de façon irréversible sur une voie où il y aura de plus en plus de démocratie ; mais cela pourrait changer. ») Autre pataquès oratoire : *The holocaust was an obscene period in our nation's history... No, not our nation's, but in World War II. I mean, we all lived in this century. I didn't live in this century, but in this century's history.* (« L'Holocauste a été un moment monstrueux dans l'histoire de notre pays... Enfin, non, pas de notre pays, mais de la Seconde Guerre mondiale. Enfin, je veux dire que nous avons tous vécu dans ce siècle. Pas moi, mais j'ai vécu l'histoire de ce siècle. »)

Aux États-Unis, Dan Quayle est surtout célèbre pour sa gaffe *potato/potatoe*, bien connue des démocrates et qui ridiculisa le vice-président à quelques mois de la fin de son mandat. En effet, lors d'une visite d'une école à Trenton (New Jersey), il organise un *spelling bee* (il s'agit d'épeler des mots correctement) avec les élèves d'une classe de sixième et demande au jeune William Figueroa, douze ans, de corriger son *potato* (« pomme de terre » – l'orthographe correcte) en *potatoe*. L'enfant s'exécute devant les caméras des journalistes avec une certaine incrédulité, les yeux ronds. Cet accident orthographique explique sans doute pourquoi, dans la série de jeux vidéo *Civilization*, le nom de Dan Quayle est utilisé pour désigner le grade le plus bas que puisse atteindre un joueur en fin de partie.

La vice-présidence de ce républicain a également été quelque peu chamboulée par un discours ultra-conservateur rebaptisé le *Murphy Brown speech*, dans lequel Quayle impute les émeutes de Los Angeles à l'affaiblissement de la morale et des valeurs familiales mises à mal d'après lui par la série *Murphy Brown*, où l'héroïne, femme de tête, célibataire, indépendante et gagnant coquettement sa vie, élève seule son enfant.

Inutile de préciser le tollé qu'a soulevé sa déclaration chez les féministes. L'action politique de Dan Quayle sera vite oubliée, mais ses gaffes lui ont accordé une place dans la (petite) histoire.

Obama et la Maison hantée

Septembre 2008, période cruciale de la campagne électorale pour la présidentielle américaine. C'est alors que le candidat démocrate Barack Obama glisse sur une belle peau de banane : un lapsus dont il se serait très volontiers passé. Lors d'un entretien en direct avec le journaliste George Stephanopoulos, pour la chaîne ABC, il évoque la bataille politique avec son rival républicain McCain et affirme que ce dernier « n'a jamais parlé de [sa] foi musulmane » (*my muslim faith*), puis il continue de parler comme si de rien n'était. Stephanopoulos devra manifester sa surprise pour que le sénateur de l'Illinois rectifie ses propos. La situation est délicate parce qu'une partie de la droite américaine n'a jamais eu de scrupules à attaquer Obama sur l'origine africaine de son père et même sur son propre nom : Barack Hussein Obama. En effet, des esprits mesquins jugent qu'« Obama » sonne un peu comme « Oussama » (feu Ben Laden, emblème du terrorisme islamiste) et qu'« Hussein » ne peut qu'évoquer le défunt dictateur irakien Saddam Hussein. Il s'agit d'ignobles absurdités, mais la gaffe du *my muslim faith* a bel et bien eu lieu. Heureusement, Stephanopoulos était là pour corriger le futur président, en lui rappelant sa *christian faith* (sa « foi chrétienne »).

Barack Hussein Obama commet donc sa première gaffe présidentielle avant même d'entrer à la Maison-Blanche, lors de la conférence de presse qui suit immédiatement sa victoire contre John McCain le 4 novembre 2008, il explique à la presse qu'il a joint tous les présidents américains pour recueillir leurs conseils. Il sourit et précise « les présidents en vie ». La gaffe survient lorsqu'il confesse : *I didn't want to get into a Nancy Reagan thing about, you know, doing any seances.* (« Je n'ai pas voulu imiter Nancy Reagan... vous savez, ses séances. ») Il fait allusion à l'inclination de l'épouse de l'ancien président, âgée de quatre-vingt-sept ans, à organiser des séances de spiritisme afin d'entrer en contact avec son défunt mari. Se moquer de cette façon d'une veuve d'un âge avancé qui, pendant huit ans, a été la locataire de la Maison-Blanche, n'est pas correct de la part du jeune président. Peu après cette maladresse, il a dû téléphoner à Mme Reagan, lui présenter ses excuses et lui exprimer sa grande considération personnelle. Mais cette gaffe d'Obama a eu un effet imprévu. Elle a ouvert la boîte de Pandore des révélations sur les pratiques d'occultisme des *First Ladies* américaines. Nancy Reagan a sauté sur l'occasion pour affirmer : *Astrology was simply one of the ways I coped with the fear I felt after my husband almost died.* (« L'astrologie a été simplement l'un des moyens auxquels j'ai recourus pour surmonter la peur que j'avais après que mon mari a failli mourir. ») Elle se plaît à croire que cette croyance est « une des causes » qui auraient évité « une deuxième tentative sérieuse d'assassinat contre [son] époux ». *I don't really believe it was, but I don't really believe it wasn't.* (« Je n'en suis pas réellement convaincue, mais je ne suis pas plus convaincue du contraire. ») On a soupçonné avant elle Mary Ann Lincoln (1818-1882), une autre première dame, de s'être livrée à des séances de spiritisme pendant la présidence de son mari pour communiquer avec ses deux fils décédés à l'âge de quatre et douze ans. Par la suite, elle aurait essayé d'entrer en contact avec son mari Abraham Lincoln, après son assassinat en 1865. Bob Woodward, célèbre pour avoir révélé avec son confrère Carl Bernstein le scandale du Watergate en 1971, a affirmé en 1996, dans son livre *The Choice*, qu'Hillary Clinton avait organisé des séances de spiritisme à la Maison-Blanche. Elle aurait notamment invoqué avec Jean Houston, le gourou féminin New Age, les mânes de l'ancienne première dame Eleanor Roosevelt (ainsi que celles du Mahatma Gandhi). Les conseillers de Mme Clinton rétorquèrent avec finesse : « Les séances de travail étaient spirituelles et non spiritistes. »

Pour quitter les limbes et revenir du côté des vivants, voici la troisième grande gaffe de l'ami Barack. En mars 2009, il est aux affaires depuis deux mois et est encore d'humeur taquine. Il a surtout besoin de cultiver son image d'homme sympathique et honnête. Mais la vérité est parfois blessante, surtout quand – en violant une règle élémentaire du politiquement correct – on rit (et on fait rire) du malheur des autres. Invité de la très célèbre émission « The Late Show » de Jay Leno, sur la chaîne CBS, Barack Obama décrit sa nouvelle vie à la Maison-Blanche, où il s'adonne même au bowling. Il annonce un score de 129 points et reçoit les félicitations du journaliste. Mais voulant exploiter le filon, il dit avec un grand sourire : « Oui, mon score doit être équivalent à ce qu'ils font aux Jeux paralympiques ou quelque chose comme ça. » Quelle gaffe ! Les associations d'handicapés sont légion aux États-Unis et dans le monde entier. Les protestations pleuvent. Se moquer de cette compétition, c'est offenser des personnes atteintes d'un handicap et c'est intolérable. Surtout à la télévision, et surtout de la part d'un président des États-Unis. Immédiatement, le porte-parole de la Maison-Blanche descend dans l'arène et explique que, « dans le but de faire rire », le président a utilisé une expression inopportune. Depuis que la plaisanterie prend le pas sur la politique, ce genre de dérapages devient fréquent. Le porte-parole insiste, bien sûr, au sujet de l'admiration d'Obama pour les Jeux paralympiques, qu'il considère comme « un projet merveilleux ».

Le 24 mai 2011, le couple présidentiel des États-Unis d'Amérique se trouve à Londres, dans le cadre d'un voyage dans plusieurs pays européens. Barack et Michelle sont reçus avec tous les honneurs par la reine à Buckingham Palace. Pendant le dîner, Obama choisit le mauvais moment pour porter son toast à Élisabeth II. Il se lève et commence à parler juste avant que l'orchestre se mette à jouer l'hymne national britannique, *God Save the Queen*. À cet instant, comme le veut le protocole, la salle se lève en rendant hommage à la reine et à son pays. Tout le monde est debout et écoute l'hymne national. Mais Obama continue son discours dans l'embarras général. Il parle de *special relationship* entre les deux pays, mais il prouve qu'il ignore les habitudes de la vieille puissance coloniale. Il tend son verre à la reine, qui ne bouge pas et lui lance un regard assassin. Élisabeth II saisit son verre uniquement à la fin de la musique, après quoi tous les invités peuvent s'asseoir. La reine tend alors son verre en direction d'Obama qui reproduit le même geste que la minute précédente, et elle commence enfin à parler. Compte tenu des habitudes britanniques, la gaffe du président américain à la réception officielle de Buckingham Palace est immense. Le lendemain, il a recours à l'ironie en déclarant : « J'ai cru que j'étais comme dans un film, que je faisais un discours avec une bande sonore. » Mais sa gaffe a bien été réelle.

Les mauvaises langues affirment qu'Obama a choisi un vice-président suffisamment gaffeur pour lui servir de paratonnerre. Avant d'être désigné, Joseph Robinette Biden, Jr. a fait une déclaration digne de Berlusconi au sujet de son futur colistier : « Obama est le premier Afro-Américain consensuel qui s'exprime bien, brillant, propre sur lui et beau garçon. » Il a ensuite essayé de se faire pardonner. Il est l'auteur de belles bourdes, comme lorsqu'il a déclaré : *When the stock market crashed, Franklin D.*

Roosevelt got on the television and didn't just talk about the, you know, the princes of greed. He said, "Look, here's what happened." (« Quand la Bourse s'est effondrée, Franklin D. Roosevelt est passé à la télévision et il n'a pas seulement parlé des "requins de la finance", il a dit : "Voici ce qui s'est passé." ») Le hic est qu'il semblerait que « Joe » Biden ne soit pas au courant que, au moment du krach boursier de 1929, Franklin D. Roosevelt n'était pas à la tête des États-Unis et la télévision n'en était qu'à son stade le plus expérimental. Par ailleurs, dans le débat politique, Biden affiche parfois un mépris malvenu. En évoquant Rudolph Giuliani – le maire républicain de New York, devenu populaire dans le monde entier pour son engagement lors du 11 septembre 2001 –, il déclare volontiers : « Il y a seulement trois choses qu'il peut aligner dans une phrase : un sujet, un verbe et le 11 septembre. »

La présidence Obama a aussi laissé échapper deux gaffes présumées vis-à-vis de l'empereur du Japon. Le 14 novembre 2009, Barack Obama, en visite officielle au Japon, est reçu pour un déjeuner par l'empereur Akihito et l'impératrice Michiko. En serrant la main du fils de l'empereur Hirohito, le président des États-Unis se plie en deux d'une façon telle qu'une partie des médias américains le critiquent avec insistance : il a donné l'impression d'une dévotion excessive. Après le tremblement de terre et le catastrophique tsunami du 11 mars 2011, la secrétaire d'État Hillary Clinton se rend à son tour au Japon pour exprimer sa solidarité et est reçue par le couple impérial. Cette fois, l'attitude de la représentante américaine est très désinvolte. Elle ne s'incline pas du tout devant Akihito, ce qui provoque des critiques opposées – au Japon et aux États-Unis. Bref, avec l'empereur du Japon, il est facile de commettre un impair.

Le savoureux « tea party » de Michele Bachmann

C'est son grand jour. Le 13 juin 2011, Michele Bachmann, députée du Minnesota au Congrès des États-Unis, annonce sa candidature aux primaires du Parti républicain, en vue des présidentielles de novembre 2012. Étant née à Waterloo (Iowa), elle pense que le destin de tout un pays dépend d'elle seule. Une prétention qui la pousse à la gaffe.

Lors d'une interview télévisée, Michele Bachmann se dit fière d'être née dans la même ville que le mythique John Wayne. Malheureusement pour elle, le John Wayne né à Waterloo n'est qu'un homonyme du grand acteur hollywoodien, venu au monde pour sa part dans une autre localité de l'Iowa. Bachmann parle volontiers, mais parfois un peu trop vite. Une autre fois, elle a situé au New Hampshire les batailles de Lexington et Concord datant de 1775, et marquant le début de la Guerre de Sécession... alors qu'elles eurent lieu dans le Massachusetts.

D'autres bourdes de Michele Bachmann, liées au mouvement de droite connu sous le nom de « Tea Party », s'avèrent cette fois plus graves et moins amusantes. S'opposant à la politique d'ouverture du président Obama envers la communauté homosexuelle, Michele Bachmann a utilisé en 2011 des expressions à forte connotation homophobe et raciste. Morceaux choisis.

Selon elle, « un enfant afro-américain, né esclave en 1860, avait plus de chances d'être élevé par un père et une mère que s'il était né après l'élection du premier président afro-américain ». Bachmann définit aussi l'homosexualité comme « une forme de désespoir et d'esclavage » de la personne humaine. Une conception toute personnelle de l'union entre deux personnes du même sexe...

VI

TOUR DU MONDE

Afrique du Sud

Le leader sud-africain Jacob Zuma, qui a été acquitté le 8 mai 2006 à l'issue de son procès pour viol intenté à la suite de la plainte d'une femme de trente-et-un ans, fille d'un de ses amis, a pris les fonctions de président de la République le lendemain. Inculpé en décembre 2005, Jacob Zuma a déclaré lors de son procès : « Elle était en demande, et dans la culture zouloue, une femme en demande doit être satisfaite. » Le juge a également interrogé Zuma sur une circonstance très précise : il savait que la jeune femme était séropositive mais a tout de même eu un rapport non protégé avec elle. Une attitude vraiment pas exemplaire pour le candidat à la présidence d'un pays qui compte 5,7 millions de malades du sida. La réponse de Jacob Zuma demeure tristement célèbre : « Pour limiter les risques, j'ai pris une douche complète après. » Une fois acquitté, il est sorti du tribunal en chantant l'hymne zoulou,

Mshiniwami (« Rendez-moi ma mitraillette »). Zuma est considéré comme l'une des personnalités les plus influentes de la planète. Peut-on changer de planète ?

Allemagne

Une catégorie très particulière de gaffes internationales résulte de la pseudo-connaissance des langues. Une personne, qu'il s'agisse d'un leader politique ou d'un chef d'entreprise, croit se donner de l'importance en utilisant des mots issus d'une autre langue, qui lui est en réalité inconnue (ou presque). Le résultat est parfois assez amusant.

Heinrich Lübke (1894-1972) est l'un des hommes qui ont participé directement à la naissance de la nouvelle Allemagne démocratique de l'après-guerre. Entre 1959 et 1969 il a été *Bundespräsident*, c'est-à-dire président de la République fédérale d'Allemagne. C'est dans ce rôle qu'il a délicieusement collectionné les gaffes, dérivant en partie de sa méconnaissance des langues étrangères et de son désir de faire semblant de les parler. Lors d'une visite officielle en Inde, il demande à ses conseillers ce qu'il pourrait dire en anglais au président de l'Union indienne, Sarvepalli Radhakrishnan, qui l'attend à l'aéroport de New Delhi. Connaissant sa propension gaffeuse, un conseiller lui répond : « Vous pouvez tout simplement lui demander comment il va, c'est-à-dire *How are you ?* » Lübke essaie de mémoriser la phrase fatidique pour la répéter sur le tarmac de l'aéroport.

Mais au moment de rencontrer son homologue indien, il lui dit : *Who are you ?*, « Qui êtes-vous ? ». Heureusement, son interlocuteur – un grand intellectuel indien ayant contribué à la naissance de l'Unesco et parlant parfaitement plusieurs langues – a également le sens de l'humour et rétorque, comme si de rien n'était : « Je m'appelle Sarvepalli Radhakrishnan, Monsieur le président ! »

Une autre fois, Lübke est en voyage officiel en Éthiopie et fait escale en Arabie saoudite, où un comité d'accueil l'attend pour lui exprimer – comme le protocole diplomatique l'exige – le respect de ce pays pour la République fédérale d'Allemagne. Le groupe des personnalités saoudiennes, toutes habillées selon la tradition locale, est conduit par le prince Michal, puissant personnage de la famille royale. Parmi ceux qui attendent Lübke à l'aéroport de la ville de Djeddah, le seul habillé à l'occidentale est l'ambassadeur allemand en Arabie saoudite. Dès qu'il sort de l'avion, Lübke va tout droit vers lui en lui disant : « Bonjour, prince Michal. » Je doute fort que le vrai souverain ait apprécié la scène.

Lors d'un discours devant les commerçants de Hambourg, en 1964, Lübke montre sa légèreté et son goût de l'approximation en matière historique en disant : « À Persépolis, il existe toujours un vieux château dont j'ai oublié le nom, il a été construit par Darius ou Xerxès. Je ne me souviens pas précisément. » Pour lui, Darius ou Xerxès c'est presque la même chose. Lors du même voyage, le président allemand décrit ainsi sa conversation avec le chef d'État iranien : « Je lui ai dit : "Monsieur le Shah, vous ne comprenez rien à l'économie !" » En 1966, Lübke est cette fois-ci en voyage à Madagascar dans la capitale Tananarive où il rencontre le couple Tsiranana, formé par le président de la République et sa charmante épouse (Philibert Tsiranana a été le premier président de la République de Madagascar, entre 1959 et 1972). Heinrich Lübke confond son nom avec celui de la ville et leur dit : « Mon cher président, ma chère madame Tananarive ! »

Certaines de ses gaffes récentes sont beaucoup moins amusantes et ont fleuri dans la presse allemande et internationale. En septembre 2009, au lendemain de la victoire électorale du centre droit allemand, le leader libéral Guido Westerwelle tient une conférence de presse. L'envoyé spécial de la BBC lui demande s'il peut l'interroger en langue anglaise et le ministre refuse en disant : « Ici on est en Allemagne, on parle allemand. » Une belle démonstration d'ouverture d'esprit et de considération de la richesse linguistique européenne, de la part de l'homme qui était à cet instant sur le point de devenir ministre des Affaires étrangères de son pays.

En septembre 2010, l'hebdomadaire *Focus* interviewe le cardinal allemand Walter Kasper qui inonde Londres de gaffes. « La Grande-Bretagne est maintenant un pays laïcisé et mélangé, dit-il. Lorsque vous atterrissez à l'aéroport d'Heathrow, vous avez parfois l'impression d'avoir atterri dans un pays du Tiers-monde. » Il ajoute : « En Angleterre, un néo-athéisme agressif s'est répandu. »

Belgique

Dans la Belgique du XXIᵉ siècle, le mot « gaffeur » est souvent employé en référence à l'homme politique Yves Leterme, chrétien-démocrate flamand. L'histoire remonte au 21 juillet 2007. Le pays est alors en train de célébrer sa fête nationale : le 21 juillet 1831, Léopold, duc de Saxe et prince de Saxe-Cobourg-Gotha, est devenu le premier roi des Belges. À Bruxelles, les VIP entrent tranquillement dans la cathédrale pour la cérémonie religieuse : le pays tout entier veut remercier le Père éternel pour le miracle de sa survie. À l'entrée de l'église, un journaliste de la télévision francophone pose une question un peu particulière à Leterme, qui vient d'être chargé par Albert II de former un nouveau gouvernement. Le contexte politique est celui de la tension grandissante entre Flamands et francophones, qui oppose Leterme à ces derniers. La question est apparemment bizarre parce que le journaliste demande au futur Premier ministre de chanter l'hymne national belge. Comment pourrait-il l'ignorer ? Cela semble impossible.

Mais impossible n'est pas belge. Au lieu de chanter *La Brabançonne*, dont le texte original est en langue française, même s'il existe des versions officielles en flamand et en allemand, Leterme chante *La Marseillaise*. Face au journaliste médusé, il entonne : « Allons enfants de la patrie, le jour de gloire est arrivé... » Le journaliste l'interrompt et lui demande : « *La Brabançonne*, c'est vraiment ça ? » Leterme répond : « Je ne sais pas ! » On peut imaginer la suite. Une vague de polémiques à l'égard d'une attitude qui se révèle être le fruit de l'ignorance ou d'une soif de provocation. Certains journalistes belges ont essayé de discréditer Leterme (bête noire de beaucoup de francophones) en accréditant la première thèse et en soulignant un autre élément : pendant la liturgie à la cathédrale, le futur Premier ministre a gardé la bouche bien fermée quand l'assemblée de fidèles-patriotes a entonné le fameux hymne national belge. Même s'il l'ignorait, il aurait pu lire le texte, qui avait été prudemment placé sur chaque siège. À l'occasion des cérémonies du 21 juillet 2007, un journaliste a demandé aux différents hommes politiques la raison de cette commémoration. Leterme n'a pas donné la bonne réponse, et d'autres leaders de la politique nationale se sont également trouvés en difficulté.

Leterme a commis bien d'autres gaffes. En août 2006, il affirme que les Belges francophones de Wallonie « ne sont pas en état intellectuel » d'apprendre la langue flamande. En janvier 2010, lors de la séance de questions au gouvernement, un membre du Parlement l'interroge sur les suites du séisme en Haïti et sur l'aide internationale à ce pays. Il répond... en lisant la question qu'on vient de lui poser et apparemment sans s'en rendre compte ! Une autre fois, en voyage au Congo, toujours en 2010, pour célébrer le cinquantième anniversaire de l'indépendance de cette ex-colonie belge, il envoie un message sur Twitter qui n'est pas destiné à être connu.

Leterme s'adresse à une personne à qui il écrit : « Envie de vous connaître. Vous aussi ? » Cela fait le buzz en Belgique (même si tout cela est bien plus soft que les méthodes de drague de Berlusconi). Il refait la même gaffe en rendant public sur le Net un message adressé à une destinataire privée (on peut imaginer qu'il s'agissait d'une femme) : « Peut-être que ça ne colle pas. Mais tu me le diras dimanche soir, hein ? Tu travaillais chez Adecco ? Si je pose trop de questions, dis-le-moi. Je ne veux pas te harceler... »

Mais le 2 novembre 2010, Yves Leterme a dû payer à son tour le prix de l'ignorance des autres. En compagnie de la chancelière Angela Merkel, en visite éclair dans le royaume, il se rend au collège de l'Europe de Bruges, en territoire belgo-flamand. Le président du conseil d'administration, l'Espagnol Iñigo Méndez de Vigo, a déclaré vouloir parler « dans la langue d'Yves Leterme » et a commencé à s'exprimer en français. On peut imaginer les mots qui sont passés, en flamand, dans la tête du Premier ministre belge.

Brésil

Le problème de la recherche du « point G » est vieux comme le monde et même les experts n'arrivent pas à donner de réponse définitive. Le président brésilien Lula a profité de la visite de George W. Bush pour créer la sensation sur ce terrain si délicat. Sa recherche du « point G », en rassemblant dans une noble tâche les énergies du nord et du sud de l'Amérique, n'a pas tenu ses promesses. Observons donc la délicieuse gaffe de Luiz Iñácio Lula da Silva, président de la République fédérative du Brésil de 2003 à 2011.

En mars 2007, Lula reçoit son homologue américain en visite officielle dans le plus grand pays sud-américain. La question du commerce international divise les deux pays. Lula insiste sur l'idée de la recherche d'un compromis susceptible de satisfaire les uns comme les autres. Un point d'équilibre de la négociation, qu'il appelle « point G », comme le célèbre centre de gravité du plaisir féminin. À l'occasion d'une conférence de presse, Lula dit que Brésil et États-Unis « doivent trouver le point G » pour arriver à un accord de libéralisation du commerce mondial. Peu après, il ajoute : « Je pense que nous sommes en train d'avancer avec force vers la découverte du point G. » Bonne chance, et tenez-nous au courant des résultats !

Dans l'histoire politique brésilienne, il y a aussi une autre gaffe très célèbre mais moins amusante. Le 31 mars 1964, un coup d'État imposa une dictature militaire durant vingt-et-un ans. Cette période a vu fleurir beaucoup de blagues et de considérations ironiques sur la politique nationale : partout dans le monde, sourire est une façon de relativiser les problèmes et les contraintes. C'est comme cela que les Brésiliens ont appris à s'amuser grâce au rapprochement de certains discours prononcés par les deux premiers chefs militaires qui se succédèrent pendant cette période. À son arrivée au pouvoir en 1964, à la suite du coup d'État, le maréchal Humberto Castelo Branco eut ces mots : « Ce pays est au bord de l'abîme. » Emílio Garrastazu Médici, président de 1969 à 1974, déclara quant à lui : « Le Brésil a fait un grand pas en avant. » Vers l'abîme ?

Espagne

En mars 2009, le président du gouvernement espagnol José Luis Rodríguez Zapatero reçoit à Madrid le président russe Dmitri Medvedev. On parle de gaz, de pétrole mais aussi de tourisme. Et c'est là que Zapatero commet un lapsus digne de l'excellente Rachida Dati. Parlant de l'afflux de touristes espagnols en Russie, il veut utiliser le verbe *apoyar* pour montrer qu'il existe un accord pour favoriser ce phénomène. Le problème est qu'il utilise à la place le verbe *follar*, qui veut dire « baiser ». Un accord avec Moscou pour permettre aux Espagnols de multiplier leur activité sexuelle ? Sans doute une nouvelle perspective pour l'Europe après la chute du mur de Berlin !

Une jolie gaffe aussi pour Mariano Rajoy, chef du Partido popular et rival historique du socialiste Zapatero. Le 11 octobre 2008, veille de la fête nationale, il se trouve à La Corogne, où – oubliant qu'il porte sur lui un micro ouvert – il confesse à un ami : « Demain je dois assister au défilé militaire : ça m'emmerde. » D'où excuses inévitables, dans lesquelles il exprime ses « sentiments de respect et d'affection » pour les forces armées.

Mais il y a eu aussi des gaffes dont l'Espagne a été victime. Un Français, qui a été proche de Valéry Giscard d'Estaing, m'a raconté l'anecdote suivante au sujet de sa gentille épouse Anne-Aymone. Après avoir étonné le roi d'Espagne Juan Carlos et la reine Sofia grâce à sa connaissance de la langue espagnole, la première dame française aurait ajouté une phrase pour le moins désobligeante : « Chez nous, il y avait une femme de ménage espagnole, c'est une chose assez fréquente en France. » N'ayant pu vérifier la véracité de ces propos, je préfère utiliser le conditionnel...

Japon

Ryu Matsumoto, soixante ans, devait être le « ministre du miracle » après le séisme et le tsunami qui ont ravagé le Japon le 11 mars 2011. « Trahi par une gaffe, il apparaîtra dans l'histoire comme le ministre de la déception », affirment les médias nippons en faisant le bilan de son passage à la tête du tout nouveau ministère de la Reconstruction. Expérience désastreuse et des plus brèves. En effet, Ryu Matsumoto a été forcé de quitter le gouvernement du Premier ministre Naoto Kan le 5 juillet 2011 après seulement une semaine. Car Ryu Matsumoto a tout bonnement traité d'« incapables » les gouverneurs de deux préfectures figurant parmi les plus touchées par le séisme. Son comportement a provoqué un tsunami. De critiques.

Nouvelle-Zélande

La Nouvelle-Zélande est une monarchie parlementaire dont le souverain est la reine Élisabeth II d'Angleterre, représentée en ces lieux par un gouverneur général. Le dix-neuvième titulaire de ce poste tient ce rôle depuis 2006 et s'appelle Anand Satyanand. Il est aussi le premier Néo-Zélandais d'origine indo-fidjienne à occuper une telle fonction. Depuis 2007, il est considéré comme un sympathique gaffeur : il avait alors envoyé à Londres un message saugrenu, n'évoquant rien de moins que la nature catholique de la reine d'Angleterre... qui n'est autre que la principale autorité de l'Église protestante anglicane. Cet amusant malentendu eut lieu à l'occasion du soixantième anniversaire de mariage d'Élisabeth II avec Philip Mountbatten, le duc d'Édimbourg, le 20 novembre 2007. La résidence du gouverneur rendit ainsi public le texte du communiqué officiel avec ce message adressé à la reine. Problème : en faisant allusion au mariage royal, on s'est trompé d'église, laissant ainsi entendre que, soixante ans plus tôt, Élisabeth s'était mariée dans une église catholique. Le communiqué soutenait en effet que l'union avait été célébrée dans la « cathédrale de Westminster », à Londres, et non l'« abbaye de Westminster », symbole de l'Église anglicane et du pouvoir monarchique qui accueillit bien évidemment l'hymen des deux souverains.

Mariage princier cette fois : peu avant la date de celui de Kate et William le 29 avril 2011, les postes de la Nouvelle-Zélande ont prouvé leur dévotion à la couronne britannique en mettant en circulation un timbre consacré aux deux tourtereaux. Excellente idée... mais il s'agissait en réalité d'un timbre double, vendu dans son ensemble et destiné à être divisé avant emploi. À gauche, la reproduction de Kate Middleton pour un timbre à 2,40 dollars néo-zélandais, et à droite celle du prince William pour un timbre à 3,40 dollars. On peut relever le mauvais goût qu'il y a à attribuer à un homme (même s'il s'agit d'un prince) une valeur supérieure à celle de la femme. Pis encore, pour utiliser le timbre, les citoyens néo-zélandais sont obligés de le diviser en deux, en le coupant selon une ligne indiquée par des petits trous. Ainsi le timbre émis pour consacrer l'union du couple princier met-il en scène sa rupture.

Philippines

En septembre 2010, la presse de Manille a protesté à cause d'une gaffe dont le pays s'est immédiatement senti victime. En effet, le drapeau de l'archipel asiatique, rouge, blanc et bleu, orné d'étoiles jaunes, a été hissé à l'envers (la bande rouge se retrouvant vers le haut à la place de la bande bleue) à l'occasion d'une cérémonie officielle à New York, en présence des présidents Barack Obama et Benigno Aquino. Or, aux Philippines, le drapeau est hissé vers le bas quand le pays est en guerre. Mieux vaut éviter les malentendus. Rebecca Thompson, porte-parole de l'ambassade des États-Unis à Manille, s'est précipitée pour déclarer qu'« il s'agissait d'une erreur de bonne foi » et que « les États-Unis chérissent leur relation étroite et leur partenariat rapproché avec les Philippines ».

Russie

Boris Eltsine (1931-2007) a été l'un des symboles de la difficile transition de l'Union soviétique vers une époque complètement nouvelle, synonyme de nouvelles libertés. Il a aussi été le protagoniste de fameuses bourdes connues depuis dans le monde entier. Souvenons-nous de la fois où il a dit que l'Allemagne et le Japon étaient des « puissances nucléaires », chose absolument fausse, parlant aussi d'un « traité pour la non-divulgation et la destruction des têtes nucléaires » qui n'a jamais existé. Les conférences de presse du chef d'État russe étaient truffées d'expressions incongrues et de phrases sans aucune signification.

Pendant sa présidence (décembre 1991-décembre 1999), Boris Eltsine a consommé de manière démesurée de la vodka, ce qui a parfois contribué à des comportements assez particuliers. En septembre 1994, à Berlin, pendant la cérémonie du retrait des dernières troupes russes d'Allemagne, il avait tellement bu qu'il fut au centre d'une scène mémorable : il a pris la place du directeur de l'orchestre de la police, pour montrer au monde entier ses dons musicaux. Le résultat de son exhibition laissa un souvenir plutôt pathétique.

À l'automne 1994 toujours, Eltsine fait une visite officielle aux États-Unis. À son retour, son staff lui a prévu une escale technico-politique en Irlande, où les autorités locales sont prêtes à l'accueillir pour quelques heures. Les Irlandais sont satisfaits de l'intérêt que le président de la Russie porte à leur pays. « Intérêt » ne serait pas le terme approprié : Eltsine, fatigué et surtout ivre mort, ne descend même pas de l'avion pour serrer la main du Premier ministre irlandais. Ses collaborateurs, très gênés, expliquent qu'il a des problèmes de santé, mais tout le monde connaît la vérité au sujet de son penchant pour l'alcool : « Croyez-nous, Boris Nikolaïévich Eltsine, votre dépendance à l'alcool est un secret seulement pour vous », écrit, suite à l'incident, un éditorialiste de l'hebdomadaire russe *Obchtchaïa Gazeta*. Un tel dérapage constitue pour le pays une démonstration évidente de faiblesse, d'où l'attitude de Vladimir Poutine, qui assumera des comportements manifestement « virils » en tant que successeur du « tsar Boris », tentant ainsi de montrer la « bonne santé » du pouvoir du Kremlin.

Cela ne l'a pas empêché de commettre lui aussi une gaffe en octobre 2006. Le Premier ministre israélien Ehoud Olmert est alors en visite officielle à Moscou.

Le président russe parle avec lui du procès intenté au président israélien Moshé Katzav, accusé d'avoir violé dix femmes. Et Poutine de s'écrier : « Nous l'envions tous ! Quel homme puissant ! Il a violé dix femmes ! » Les sources du Kremlin parleront ensuite d'une faute de traduction, mais plusieurs journalistes russes confirmeront cette bourde inqualifiable.

Vatican

En décembre 1947, Pie XII se laisse aller à plaisanter avec des collaborateurs au sujet des élections législatives italiennes imminentes, qui se joueront entre la Démocratie chrétienne et la gauche. Le souverain pontife laisse entendre qu'il pourrait changer de métier – chose qui, pour un pape, est manifestement inconcevable – en cas de victoire de l'alliance socialo-communiste. À un prélat français qui lui fait part de son admiration pour son excellente maîtrise de la langue de Molière, il répond en italien : « Si les communistes gagnent, j'aurai un métier comme enseignant de français[1] ! »

Jean-Paul II, en revanche, fait tout de suite comprendre qu'il a besoin d'un cours privé d'italien. Et pour cause : sa langue maternelle est le polonais. Le 16 octobre 1978, la place Saint-Pierre est noire de

---

1. Cardinal Jacques Martin, *Mes six papes*, éditions Mame, 1993, p. 39.

monde et la fumée blanche indique que les cardinaux ont trouvé une majorité pour élire le nouveau pape. Il s'agit de Karol Józef Wojtyła, un Polonais âgé de cinquante-huit ans. Ce jour-là, il s'adresse à la foule et, en prononçant ses premiers mots en italien, il commet une petite faute : *Se sbaglio, mi corriggerete* (« Si je me trompe, vous allez me corriger ! », mais en italien, on dit *correggerete* et non *corriggerete*). Cette spontanéité a contribué à forger l'image humaine et sympathique d'un pontife qui entrera dans l'histoire.

Joseph Alois Ratzinger, de nationalité allemande, devient à son tour pontife en avril 2005 à l'âge de soixante-dix-huit ans. En novembre 2007, il lit en public un texte officiel et dit : *È mia intenzione recarmi nel marzo prossimo in Camerun. Di lì proseguirò, a Dio piacendo, per l'Angola, per celebrare solennemente il 500° anniversario di evangelizzazione del paese.* (« Au mois de mars prochain, je compte me rendre au Cameroun. Et, si Dieu le veut, en Angola pour célébrer solennellement le cinq centième anniversaire de l'évangélisation du pays. ») Or, l'anniversaire en question a eu lieu en 1992 et a déjà été célébré de façon très solennelle par son prédécesseur Jean-Paul II. Qui a écrit ce discours ? Qui est le vrai coupable de cette gaffe ? On ne connaît pas son nom, mais on peut imaginer qu'il a dû passer un très mauvais moment par la suite…

Bien plus sérieuse fut la gaffe de janvier 2009, quand Benoît XVI a décidé d'accepter le retour dans l'Église des quatre évêques qui avaient été punis pour avoir été « apôtres » de l'ultraconservateur Marcel

Lefebvre (excommunié en 1988 par Jean-Paul II et mort en 1991). Parmi eux, le Britannique Richard Williamson, dont les déclarations antisémites et négationnistes circulaient sur Internet. Face à des révélations extrêmement gênantes, le Vatican a fait mine de tomber des nues. « La décision du pape restera dans l'histoire non pas comme une gaffe mais comme un acte prophétique », a déclaré à cette occasion Mgr Gilbert Aubry, évêque de la Réunion, selon lequel « la décision de Benoît XVI ne porte pas sur la reconnaissance du négationnisme mais sur la nécessité de travailler à l'unité de l'Église ». Une bourde en bonne et due forme que certains sont libres de considérer comme « prophétique »… mais que beaucoup d'autres jugent comme un manque de respect pour les blessés de l'histoire.

Cette décision contestée rappelle un autre moment controversé du pontificat de Benoît XVI : son discours du 12 septembre 2006 à l'université de Ratisbonne. Certaines considérations du pape ont alors provoqué de vives critiques dans le monde islamique, où on l'a accusé d'avoir relié la foi musulmane à la violence. Dans son livre *La Lumière du monde*, écrit avec le journaliste allemand Peter Seewald, Benoît XVI parle du discours de Ratisbonne en admettant avoir conçu ce texte en tant que leçon strictement académique, sans se rendre compte que l'intervention d'un pontife revêt inévitablement une nature politique.

VII

DE CHIRAC À SARKOZY :
ENTRE CONTINUITÉ ET RUPTURES

Couscous aux boulettes

Dans son livre *Les Perles de la République*[1], Joseph Vebret cite une phrase de Jacques Chirac, prononcée en 1978 : « Pour moi, la femme idéale, c'est la femme corrézienne, celle de l'ancien temps, dure à la peine, qui sert les hommes à table, ne s'assied jamais avec eux et ne parle pas. » Il s'est bien gardé par la suite de répéter ces mots au cours de ses quatre campagnes présidentielles. Si, en Chine, un proverbe dit que les femmes portent la moitié du ciel, en Europe elles portent la moitié des voix. En revanche, les bulletins des immigrés pèsent beaucoup moins dans les urnes, et en période électorale, défendre leur cause peut se révéler suicidaire, à moins de faire le jeu du FN. Mais la défense des immigrés n'a jamais fait

---

1. *Op. cit.*

partie des plans de campagne de l'ancien président, au contraire. Et ce n'est pas sa célèbre saillie sur « le bruit et l'odeur » qui contredira notre propos. Ce discours faisant allusion aux merguez, il ne pouvait se prononcer qu'à table.

Rappel des faits. Le 19 juin 1991, à Orléans, se tient un dîner-débat en la présence d'un millier de militants du RPR, dirigé, à l'époque, par celui qui était alors maire de Paris. Chirac s'attaque aux immigrés, responsables, d'après lui, d'une forme assez particulière de pollution de l'air français : l'odeur de la gastronomie maghrébine. Puis il entre rapidement dans le vif du sujet : « Notre problème, ce n'est pas les étrangers, c'est qu'il y a overdose. C'est peut-être vrai qu'il n'y a pas plus d'étrangers qu'avant la guerre, mais ce ne sont pas les mêmes. » Vu leur âge, c'est assez logique. Mais, ce soir-là, Chirac n'a aucune envie de plaisanter. Pour lui, recevoir les Italiens est une chose, accueillir les immigrés qui arrivent de la rive sud de la Méditerranée en est une autre. Les premiers sont facilement biodégradables dans la société française, abandonnent les spaghettis pour la quiche lorraine et réussissent leur intégration en déplaçant leur intonation tonique vers la dernière syllabe. Pour les seconds, c'est plus compliqué. Chirac s'explique : « Il est certain que d'avoir des Espagnols, des Polonais et des Portugais travaillant chez nous, ça pose moins de problèmes que d'avoir des musulmans et des Noirs... Comment voulez-vous que le travailleur français qui habite à la Goutte-d'Or [...], qui travaille avec sa femme et qui, à eux deux, gagnent environ 15 000 francs, voie sur le palier à côté de son HLM, entassée, une famille avec un père, trois ou quatre épouses, une vingtaine de gosses, et qui gagne 50 000 francs de prestations sociales, sans naturellement travailler ! » Et de terminer par cette sentence fameuse : « Si vous ajoutez à cela le bruit et l'odeur, eh bien le travailleur français sur le palier devient fou. Et il faut le comprendre. Si vous y étiez, vous auriez la même réaction. Et ce n'est pas être raciste que de dire cela. » Parole de Jacques Chirac.

L'occasion de se taire

La deuxième bourde coïncide avec l'un des choix les plus clairvoyants de Jacques Chirac en termes de politique étrangère. En février 2003, George W. Bush veut à tout prix déclencher la guerre en Irak. L'Europe vole en éclats. Grande-Bretagne, Espagne, Portugal, Italie et une bonne partie des pays de l'Est sont du côté de Washington. Je me souviens d'une conférence de presse entre Aznar et Chirac dans la cour de l'Élysée, chacun d'entre eux regardait ostensiblement le ciel, les pigeons et les journalistes quand l'autre avait la parole. Mais les critiques directes du président français aux Blair, Aznar et autres Berlusconi furent toutefois timides, s'en prenant surtout aux « petits », les leaders des nouvelles démocraties de l'Est européen, sur le point d'entrer officiellement dans l'Union. À ce moment-là, à l'Est, un parfum de renouveau flottait dans l'air, mais le souvenir de la domination soviétique qui avait poussé les États à renforcer leurs relations avec Washington et l'Otan était vif. La phrase de Jacques Chirac sur les choix pro-américains de ces États prit alors des accents méprisants : « Ils ont manqué une bonne occasion de se taire ! » dit-il à leur sujet à la sortie d'un sommet communautaire. Quatre ans et demi plus tard, le président Sarkozy prononcera à Budapest des mots qui seront considérés comme des excuses implicites : « Dans l'esprit de la France, il n'y a pas [en Europe] les petits pays et les grands pays, les pays qui ont le droit de parler et ceux qui n'ont que le droit de se taire… Il y a des nations et des États égaux en droits et en devoirs. » La gaffe de Chirac avait laissé une empreinte profonde dans les pays de l'Est qui, humiliés, avaient accentué leur lien avec les États-Unis.

Autre bourde chiraquienne des plus savoureuses, moins connue, et que d'ailleurs peu de monde considère comme telle. En tant que président français, Chirac a fait une déclaration et pris une décision qui pourraient créer de sérieux problèmes au sujet de l'entrée de la Turquie dans l'Union européenne. Lors d'un entretien avec le *New York Times*, le 22 septembre 2003, au moment où il tente de réchauffer les relations avec les États-Unis, il déclare : « L'entrée de la Turquie dans l'Europe est inévitable si la Turquie fait les efforts nécessaires pour remplir les conditions que nous appelons les critères de Copenhague et qui sont des conditions de nature politique, essentiellement liées aux droits de l'homme, et des conditions de nature économique, essentiellement liées à l'économie de marché. » Or, début 2005, dans la perspective du référendum du 29 mai au sujet du traité constitutionnel européen, Chirac exige la réforme de la Constitution française. Ainsi, la loi constitutionnelle n° 2005-204 du 1ᵉʳ mars 2005 a modifié le titre XV : « Art. 88-5. – Tout projet de loi autorisant la ratification d'un traité relatif à l'adhésion d'un État à l'Union européenne et aux communautés européennes est soumis au référendum par le président de la République. » Cette modification garantit subséquemment que tout nouvel élargissement de l'Union sera soumis en France au référendum. Ainsi, Chirac arroge presque à la Turquie le droit d'entrer dans l'Union... tout en garantissant, deux ans plus tard, aux Français le droit d'empêcher cette entrée. Ou comment éviter l'inévitable.

Un « off » de trop

Terminons ce panorama chiraquien avec la célèbre « gaffe iranienne ». Le 23 décembre 2006, le Conseil de sécurité de l'Onu vote une première série de sanctions pour interdire de fait à Téhéran la poursuite de son programme nucléaire militaire. Le 29 janvier 2007, Jacques Chirac reçoit à l'Élysée les journalistes du *New York Times*, de l'*International Herald Tribune* et du *Nouvel Observateur* pour un entretien sur les questions environnementales et le réchauffement climatique. À la fin, il se permet le luxe d'une conversation « off » sur le nucléaire iranien, disant pratiquement le contraire de ce que la France a soutenu aux Nations unies : « Je dirai que ce n'est pas tellement dangereux par le fait d'avoir une bombe nucléaire – une, peut-être une deuxième, un peu plus tard, ce n'est pas très dangereux. Où l'Iran enverrait-il cette bombe ? Sur Israël ? Elle n'aurait pas fait 200 mètres dans l'atmosphère que Téhéran serait rasé. » Si la ligne officielle de Paris souligne les risques liés à la possible bombe atomique iranienne, les mots de Chirac vont, eux, dans le sens de la dédramatisation. Malgré le « off », l'information devient publique dès le lendemain, et la gaffe de Chirac est reprise dans la presse du monde entier.

Le complexe de l'Allemagne

Intéressons-nous maintenant au successeur de Jacques Chirac, Nicolas Sarkozy. Si, lors de sa campagne, ce dernier se targuait d'incarner une ère de rupture avec le règne chiraquien, il a été plus qu'un digne héritier en matière de maladresses et autres faux pas au sommet de l'État. Son lapsus le plus célèbre est également le plus sympathique car c'est celui dont il s'est le mieux sorti. Le 18 janvier 2011, il présente ses vœux au « monde rural » depuis l'Alsace. En effet, l'une des plus impressionnantes « ruptures » de la présidence Sarkozy par rapport au passé concerne d'une part les vœux présidentiels de bonne année (finie la rencontre fixe avec la presse et l'habitude de recevoir tout le monde à l'Élysée), et d'autre part la garden-party du 14 Juillet, qui n'aura lieu qu'en 2007. Le 18 janvier 2011, donc, le président se trouve à Truchtersheim, près de Strasbourg, pour parler devant une foule de 2 000 personnes. Il lance une charge contre l'Allemagne, dont les exportations sont devenues un tsunami de plus en plus dangereux pour le « *Made in France* ». Sa mise en garde est assez claire : « Je peux accepter des distorsions de concurrence avec la Chine et l'Inde ; pas avec l'Allemagne. Il n'y a aucune raison. C'est totalement incompréhensible. Et je ne le dis pas simplement parce que je suis en Allemagne. » Hélas pour lui, l'Alsace a réintégré la France en 1919, et le rire du public a obligé le président à revenir sur son lapsus. Il s'est corrigé tout de suite, ajoutant une phrase inspirée et d'une modestie peu fréquente de sa part : « C'est là où vous voyez que j'ai raison de m'investir dans le chantier de la dépendance ! » Bien joué.

L'Allemagne doit sans doute occuper une place importante dans l'inconscient de Nicolas Sarkozy, qui, le 1er mai 2008, était à Aix-la-Chapelle pour donner à la chancelière Angela Merkel le prestigieux prix Charlemagne, « en récompense de son extraordinaire contribution à la résolution de la crise de l'Union européenne et en reconnaissance de son action décisive en faveur de l'unité de l'Europe ». Dans son discours, Sarkozy essaie de rappeler aussi son propre rôle dans le sauvetage du processus communautaire : « Je peux témoigner que tout au long de ces longues journées et de ces longues nuits de négociation, jamais Angela Merkel n'a renoncé. Pourtant, parfois, il a fallu faire preuve de patience. On se retrouvait alors très tard dans la nuit pour chercher des solutions. » La gaffe vient quand, au moment de converser de façon plus décontractée, mais toujours en public, le président français appelle le mari de la chancelière allemande « monsieur Merkel ». Or, Angela Kasner, née en 1954, s'est mariée en 1977 avec le physicien Ulrich Merkel, duquel elle a divorcé en 1982. L'homme que Nicolas Sarkozy a appelé « monsieur Merkel » est le professeur de chimie Joachim Sauer, que la chancelière a épousé en 1998. Face à la gêne de Sauer, le président français a insisté pour le faire venir à côté de lui, l'appelant par deux fois « monsieur Merkel » devant les autres hôtes...

Parmi les plus célèbres couples franco-allemands – de Gaulle-Adenauer, Giscard-Schmidt, Mitterrand-Kohl, Chirac-Schroeder, Sarkozy-Merkel –, les deux derniers sont les moins soudés. On l'a vu en novembre 2008, quand Nicolas Sarkozy a célébré à Verdun (et pas à Paris, comme à l'accoutumée) l'anniversaire de la victoire de 1918. Cette fois, c'était le 90e anniversaire de la fin du conflit et la France a voulu faire les choses en grand. Sarkozy a exigé une cérémonie internationale, invitant Angela Merkel dans l'espoir de reproduire l'image historique du président François Mitterrand et du chancelier Helmut Kohl en 1984, debout main dans la main. Mais la chancelière a décliné l'invitation et envoyé à sa place Peter Müller, le président du Bundesrat (le Conseil fédéral allemand). Une absence que le *Times* britannique a interprété comme le signe de « l'exaspération de la chancelière à l'égard de l'ultradynamique dirigeant français ». Un dynamisme qui a des limites : le même quotidien a remarqué l'arrivée tardive de Sarkozy à cette cérémonie, circonstance qui a forcé ses invités à une attente imprévue. Parmi ces invités, il y avait le prince de Galles. Dans son discours, Sarkozy a rendu hommage au sacrifice de tous les militaires du Royaume-Uni pendant la Grande Guerre : Anglais, Écossais, Irlandais... oubliant les Gallois.

Don't cry for me Angelina !

Revenons à la relation de plus en plus délicate avec Berlin, les caractères de Nicolas Sarkozy et d'Angela Merkel n'étant pas très compatibles pour un long et paisible mariage d'amour. Le début a été difficile suite à une bourde parfaitement assumée et même revendiquée par Nicolas Sarkozy pendant la campagne électorale de 2007. Le 9 mars, à Caen, il s'exclame dans un meeting : « Je voudrais rappeler à ceux qui critiquent tant la France, de l'intérieur comme parfois de l'extérieur, que la France est l'un des rares pays au monde à n'avoir jamais cédé à la tentation totalitaire. La France n'a jamais exterminé un peuple. La France n'a pas inventé la "solution finale". La France n'a pas commis de crimes contre l'humanité. La France n'a pas commis de génocide. » Si ses premiers mots laissaient imaginer l'habituel discours patriotique sur les « particularités françaises », la suite s'en prend clairement à l'Allemagne et à son histoire. Comme si l'Allemagne du XXIe siècle avait encore une dette à payer à cause de son passé. Ce choix politique devient évident le 30 mars 2007 quand, à Nice, le candidat Sarkozy reprend le même thème : « Je suis de ceux qui pensent, et j'assume mes responsabilités, que la France n'a pas à rougir de son histoire ; la France n'a jamais commis de génocide ; la France n'a pas inventé la "solution finale" ; la France a inventé les droits de l'homme. La France est le pays du monde qui s'est le plus battu dans l'univers au service de la liberté des autres » – provoquant, une fois de plus, l'ire des Allemands et de leur chancelière...

Les gaffes de l'avant-Carla

Il est évident que, durant la présidence de Nicolas Sarkozy, il y a un « avant » et un « après » Carla Bruni. Une conférence de presse surréaliste eut lieu le 8 janvier 2008 à l'Élysée. Aucun chef d'État sous la Ve République n'avait imaginé scénario aussi somptueux. Le président et son pupitre. À sa droite, la tribu des conseillers. À sa gauche, l'équipe du gouvernement en ordre de bataille. Et, devant lui, six cents journalistes du monde entier, de la gazette de Montrouge à celle de Montréal, de la voix de New Delhi à celle de New York, des micros d'Arabie à ceux de la Bessarabie. Nicolas Sarkozy assène alors l'info que le monde entier attendait : « Carla et moi c'est du sérieux ! »

En réalité, cette annonce était profondément politique, car Carla Gilberta Bruni Tedeschi Sarkozy a eu une véritable influence sur le président et surtout sur sa communication, qui connut alors une réelle et salutaire amélioration. Pour s'en convaincre, il suffit d'observer les bourdes commises avant et après le mariage présidentiel. Avant, Sarkozy se caractérisait par une attitude frontale, très dure, de défi continu, se fendant de saillies vulgaires. Jean-François Kahn raconte : « Lorsque je dirigeais *Marianne*, j'ai refusé l'invitation de Sarkozy qui voulait que l'on se rencontre. Il s'est énervé et a lancé à mes collègues : "Vous êtes un journal d'enculés, un journal fasciste !" »

En juin 2005, celui qui est encore ministre de l'Intérieur promet de « nettoyer au Karcher » les banlieues où la loi est systématiquement bafouée, ainsi que de « débarrasser la France des voyous ». Février 2007, en campagne à La Réunion, il découvre les déclarations du député Pierre Méhaignerie sur l'impossibilité de procéder à des baisses fiscales et hurle : « Je suis entouré d'une bande de connards ! Méhaignerie aurait dû se taire. Ce centriste mou parle trop ! [...] Heureusement que la Ségolène est nulle et que sa campagne ne prend pas, sinon, c'est moi qui serais dans la merde aujourd'hui. » Dans son livre sur Sarkozy et sa victoire de 2007, *L'Aube, le soir ou la nuit*, Yasmina Reza rapporte cette phrase prononcée en août 2007 par le nouveau président : « Qu'est-ce qu'on va foutre dans un centre opérationnel sinistre à regarder un radar ? Je me fous des Bretons. Je vais être au milieu de dix connards en train de regarder une carte ! »

Le 28 octobre 2007, il est aux États-Unis. L'un de ses collaborateurs lui a arrangé un entretien dont rêverait tout personnage politique : une conversation avec la journaliste Lesley Stahl, vedette de la chaîne CBS avec son émission « 60 Minutes ». La journaliste américaine lui pose alors une question sur sa vie privée – son divorce d'avec Cécilia – comme s'il s'agissait de la chose la plus normale du monde. C'est ce qu'elle ferait avec un président américain dans l'éventualité d'une crise familiale appartenant désormais au domaine public (un communiqué de l'Élysée avait annoncé le divorce). Sarkozy, très tendu, répond : « Si j'avais quelque chose à dire sur Cécilia, je ne le ferais certainement pas ici ! » Lesley Stahl tente de discuter avec le président, arguant que l'opinion publique se pose des questions auxquelles il pourrait bien donner une réponse. Dans l'émission qui passa ensuite à l'antenne, la journaliste explique à son public : *Sarkozy decided that the interview was over.* (« Sarkozy décida que l'entretien était fini. ») On voit alors le président français se lever et enlever son microcravate. Les mots adressés à Lesley Stahl (« Allez, au revoir ! Bon courage ! ») se mêlent aux insultes destinées à son collaborateur qui a organisé l'interview (« Imbécile ! », « T'es vraiment un enfant ! »). La gaffe est de taille, les chaînes de télévision du monde entier diffusent les images du départ précipité de Sarkozy et du visage de Lesley Stahl, n'en croyant pas ses yeux, se demandant sans doute ce qu'il serait arrivé à un président des États-Unis s'il s'était comporté de la sorte. Malgré cela, le reportage proposé aux spectateurs de CBS se révèle très objectif et factuel. Une vraie leçon de journalisme.

Les gaffes de l'après-Carla

Le mariage entre Nicolas Sarkozy et Carla Bruni eut lieu à l'Élysée le 2 février 2008. En arrivant au Château, en nouvelle patronne des lieux, l'ex-top model a une certitude : elle ne doit surtout pas courir le risque de devenir une *desperate housewife*. La solution est simple : c'est elle qui doit transformer son mari en lui faisant oublier ses comportements impulsifs, source inépuisable de faux pas et de bourdes. Mais la « Carlita » nationale a besoin de temps pour accomplir sa noble tâche. Trois semaines ne sont pas suffisantes pour changer son homme. C'est ainsi que, le 23 février, Nicolas se comporte, encore une fois, comme un macho prêt à en découdre. Inaugurant son premier Salon de l'agriculture porte de Versailles à Paris, il croise un homme qui lui dit : « Touche-moi pas, tu m'salis ! » Chirac aurait tourné son regard vers le postérieur de la première charolaise du stand voisin. D'autres présidents auraient peut-être chargé leurs proches collaborateurs d'exercer sur cet homme un beau contrôle fiscal. Sarkozy, lui, répond alors par un très viril : « Casse-toi, pauv'con. »

L'inoubliable réplique symbolise en réalité la frontière entre le Sarkozy d'avant et celui d'après le traitement du docteur Carla. À partir de ce moment-là, les gaffes ne seront plus que le produit de confidences faites « off » à des journalistes, ou des lapsus. Elles seront beaucoup moins qu'avant l'expression d'un esprit de défi, machiste et arrogant. Le nouveau Sarkozy est certainement plus diplomate, au moins en apparence. Certaines de ses gaffes ont même tendance à provoquer un sourire.

En juin 2008, le président est en visite à l'hôpital de Bourges et *Le Canard enchaîné*, improvisant la conclusion de son discours, il lâche : « On ne doit pas laisser mourir les gens comme des bêtes !... D'ailleurs, les bêtes sont des êtres humains. » Même des phrases qui auraient pu paraître arrogantes sont désormais nimbées d'une ironie sympathique : « C'est moi qui ai choisi le Premier ministre, c'était donc une bonne décision » (*Le Parisien*, 26 février 2008) ; ou encore « Quand je vois l'étendue des conseils que je reçois chaque jour, ça ne me donne pas envie de les suivre » (19 février 2009, lors d'un voyage à Daumeray, dans le Maine-et-Loire). En visitant en mars 2009 l'hôpital de Rambouillet, il déclare : « Je sais qu'à l'intérieur de l'hôpital, y'a tout le problème des métiers. On commence avec Roselyne par les infirmières car ils sont les plus nombreux. » Parmi ses lapsus, il y a aussi le délicieux : « La taxe professionnelle, qui n'existe nulle part partout en Europe » (discours à l'Élysée le 14 décembre 2009), ou, en novembre 2010, au lendemain du remaniement ministériel : « Ma détermination n'a rien changé. »

Carla Bruni a certainement amélioré la communication de son mari. Qui lui en est d'ailleurs reconnaissant. Le 20 janvier 2009, à Provins, Sarkozy se laisse aller à une leçon d'histoire pour le moins personnelle : « Il y avait des régiments français en charge de s'assurer que nous ne serions pas envahis par l'Italie. On voulait pas l'armée italienne, on a eu Carla, mais enfin c'est quand même plus agréable, notamment pour moi. » Rappelons que si les deux régiments en question stationnaient effectivement dans les Alpes, ce n'était pas pour empêcher l'invasion italienne, mais tout simplement parce qu'il s'agissait de troupes de montagne...

VIII

Canards, télés et peaux de bananes

Ce livre ne concerne pas prioritairement les innombrables gaffes et bourdes que nous, journalistes, commettons, mais il serait tout de même bon d'en parler. Pour trois raisons. La première est une question de principe : quand on se divertit des faux pas des autres (ici, les politiques), il faut être capable de rire des siens (bien que les journalistes aient trop souvent tendance à occulter les leurs par une pirouette). La deuxième est que les journalistes entretiennent fréquemment une relation étroite et privilégiée avec le pouvoir politique ou économique (la presse n'est-elle pas appelée « quatrième pouvoir ? »), au point qu'on peut les considérer comme faisant partie, logiquement, de la catégorie de « ces gaffeurs qui nous gouvernent ». La troisième est que certaines gaffes, petites et grandes manipulations journalistiques sont trop savoureuses (et parfois significatives) pour être omises. En voici quelques-unes.

Arrivé à Paris en 1986 comme correspondant permanent du quotidien économique milanais *Italia Oggi*, un des mes premiers papiers a porté sur un personnage de poids de la politique française : Raymond Barre, en plein tour de chauffe pour la présidentielle de 1988 sous les couleurs de l'UDF. L'article m'a été demandé seulement en fin d'après-midi et il est donc arrivé peu avant le bouclage de la première édition du journal. La personne préposée au choix des photographies n'était probablement pas dans son assiette. Elle a lancé une recherche au nom de « Barre » et placé la première image qui est apparue. Sans réfléchir. Ceux qui ont ensuite corrigé les épreuves n'ont pas plus réfléchi. C'est ainsi que je me suis involontairement trouvé au milieu d'une bourde de presse assez particulière : illustrant mon article sur Raymond Barre, on trouvait un cliché de Ziyad Barre, personnage à la peau bien plus foncée et à ce moment-là président de la République de Somalie. Heureusement, *Italia Oggi* n'était pas vendu en France (ni en Somalie).

Une autre fois, j'ai rédigé un article sur l'entrée de Giovanni Agnelli à l'Académie des sciences morales et politiques de l'Institut de France. Le patron de Fiat tenait beaucoup à cette nomination, soutenue par des actions de généreux mécénat. Mais le rédacteur qui a reçu mon article devait avoir siroté trop de chianti ce jour-là. Il a titré : « Agnelli obtient la Légion d'honneur ». Mais celui-ci était déjà l'heureux détenteur de plusieurs grades dans cet ordre. De plus, l'article ne contenait pas un mot sur ce sujet : le rédacteur avait tout simplement confondu les différentes distinctions que l'on peut recevoir sur le sol français.

L'histoire du journalisme est pleine de bourdes aussi énormes qu'intéressantes. L'exemple le plus significatif eut lieu en mars 1815 et est l'œuvre d'un quotidien très particulier, Le *Journal des débats,* véritable chouchou de l'empereur Napoléon Bonaparte, à tel point qu'en 1805 il l'avait rebaptisé *Journal de l'Empire*. La rédaction se montra pourtant des plus ingrates lorsque, pendant la première Restauration, elle retourna sa veste en faveur du roi Louis XVIII et de son entourage. Face à la nouvelle de la fuite de Napoléon de l'île d'Elbe, le quotidien crie au scandale et couvre d'insultes l'ex-empereur. Le 8 mars 1815, le *Journal des débats* en fait sa une : « Buonaparte s'est évadé de l'île d'Elbe, où l'imprudente magnanimité des souverains alliés lui avoit donné une souveraineté pour prix de la désolation qu'il avoit si souvent portée dans leurs États. Cet homme, qui en abdiquant le pouvoir n'a jamais abdiqué son ambition et ses fureurs ; cet homme, tout couvert du sang des générations, vient, au bout d'un an écoulé en apparence dans l'apathie, essayer de disputer, au nom de l'usurpation et des massacres, la légitime et douce autorité du Roi de France. » Mais la suite de l'article est encore meilleure. « À la tête de quelques centaines d'Italiens et de Polonais, il a osé mettre le pied sur une terre qui l'a réprouvé pour jamais », affirme le quotidien. Surprise. Cette bande d'immigrés corso-italo-polonaise approche de la capitale, même si le journaliste fautif récidive le 20 mars dans le même journal, dénonçant le risque « que la France se laisse envahir, conquérir et remettre sous le joug par un aventurier de l'île de Corse, accompagné d'une poignée de brigands étrangers et de quelques bandes de déserteurs ». Le jour suivant, le quotidien retrouve son titre de *Journal de l'Empire* et affiche en première page : « La famille des Bourbons est partie cette nuit de Paris. On ignore encore la route qu'elle a prise. Paris offre aujourd'hui l'aspect de la sécurité et de la joie. Les boulevards sont couverts d'une foule immense, impatiente de voir arriver l'armée et le héros qui lui est rendu. » Étrange destin de ces immigrés : en triomphant, ils sont devenus à cent pour cent français... « L'empereur a traversé deux cents lieues de pays avec la rapidité de l'éclair, au milieu d'une population saisie d'admiration et de respect, pleine du bonheur présent, et de la certitude du bonheur à venir. » Ne croyez pas que ce genre de versatilité fait partie d'une presse archaïque et qu'aujourd'hui c'est bien différent. Car aujourd'hui, c'est pire. Les vieux vices sont désormais enveloppés dans une prestidigitation communicationnelle d'un degré de sophistication abracadabrantesque.

Le 8 mai 1927, les aviateurs français Charles Nungesser et François Coli quittent Le Bourget à bord du biplan monomoteur *L'Oiseau blanc* pour traverser l'Atlantique et arriver à New York, entreprise qu'aucun aviateur n'a encore jamais réussie, ni en un sens ni dans l'autre (mais qu'accomplira avec succès quinze jours plus tard Charles Lindbergh). Les deux héros de l'air disparaissent cependant près de l'Amérique. Mais à Paris, les quotidiens, engagés dans une extrême concurrence mutuelle, cherchent à anticiper la nouvelle de l'arrivée des deux Français, dont on perdra en réalité les traces. C'est ainsi que le quotidien *L'Intransigeant* titre le 10 mai : « Nungesser est arrivé ». Un journal « intransigeant » qui se permet bien des entorses. Le même jour, *Le Petit Parisien* lui emboîte le pas : « Nungesser et Coli ont traversé l'Atlantique ». Quant à *La Presse*, elle arrive même à décrire une scène qui n'a jamais eu lieu : l'arrivée des deux aviateurs à New York.

Une nuit du début d'avril 1982, j'écoutais, avant de m'endormir, les informations de la radio publique italienne RAI. Brusquement, j'eus l'impression d'être déjà en train de rêver. La journaliste annonçait en fait que les troupes argentines avaient « envahi et occupé les îles Maldives ». Ces dernières sont pourtant situées dans l'océan Indien, entre l'Afrique et l'Inde, de l'autre côté du monde par rapport à l'Argentine. Je ne sais pas si le zéro pointé en géographie doit être donné au journaliste qui a préparé la dépêche, ou à sa collègue qui l'a lue sans trop réfléchir, mais il s'agit certainement d'une belle démonstration d'ignorance. En réalité, l'Argentine a occupé les îles Malouines, appelées Falkland par les Anglais. Les troupes de Sa Majesté Britannique reprendront le contrôle de l'archipel après d'âpres combats.

Du côté de la presse allemande, une bourde monumentale fut celle du faux journal d'Adolf Hitler, publié par l'hebdomadaire *Stern* et considéré, dans un premier temps, comme « le scoop du siècle ». Le 25 avril 1983, Gerd Heidemann, reporter vedette du magazine, annonce lors d'une conférence de presse noire de monde qu'il tient entre ses mains les carnets des journaux intimes du Führer. La publication devait se faire au compte-gouttes : Heidemann précise qu'il s'agit de soixante-deux tomes que l'on croyait disparus dans un accident d'avion en 1945, et que son génie a permis de récupérer. Le monde entier se passionne pour cette histoire. Les journaux de tous les pays entrent en compétition pour racheter les droits de reproduction de l'ouvrage. Le français *Paris-Match* ou encore l'italien *Panorama* gagnent la course. Mais le revers de la médaille ne se fait guère attendre. On commence par mettre d'abord en doute l'écriture, qui ne serait pas exactement celle du Führer. La direction de *Stern* affirme que les expertises garantissent pourtant l'authenticité du manuscrit. L'hebdomadaire allemand commence la publication du texte et vend 1,8 million d'exemplaires, un record par rapport à ses chiffres habituels. Il a le temps de mettre en vente un autre chapitre (et les journaux étrangers de publier le premier) quand on découvre qu'il s'agit en fait d'une gigantesque supercherie. Le faussaire s'appelle Konrad Kujau et est devenu un homme riche grâce aux quelque 6 millions de dollars qu'il a obtenus de *Stern* par le biais de Gerd Heidemann. En 1985, Kujau et le journaliste seront condamnés à trois ans et demi de prison pour escroquerie organisée.

Heureusement, nous assistons aujourd'hui également à des « gaffes de l'information » qui prêtent davantage à sourire. La Belgique dispose ainsi de plusieurs records internationaux, à commencer par ceux de la plus longue période d'absence d'un gouvernement et aussi... du premier roi disposant d'un utérus. L'extraordinaire information a été donnée en juillet 2007 par le journal télévisé de la RTBF (Radio-télévision belge francophone), lancée par ces mots de la charmante présentatrice : « Mesdames, messieurs, merci d'être avec nous. Nous allons tout d'abord prendre des nouvelles du roi. Je vous le rappelle, il a été opéré mardi des suites d'une fracture du col de l'utérus. Tout s'est bien passé. Albert II a entamé son programme de revalidation. » Hélas, on ne nous précise pas s'il pourra avoir des enfants. Par contre, grâce au succès de son intervention chirurgicale au col du fémur, le roi des Belges a heureusement pu de nouveau marcher normalement.

Le jeudi 7 avril 2011, c'est Élise Lucet, présentatrice du journal télévisé de 13 heures de la chaîne France 2, qui a glissé sur une dramatique peau de banane. À la fin des informations en direct, la journaliste était en train d'annoncer le sommaire de l'émission politique de la soirée, « À vous de juger », quand elle s'est trompée sur le nom de l'invité, Arlette Chabot recevant « Jean-Louis Bordeaux ». La correction est arrivée tout de suite, la présentatrice précisant rapidement que l'invité de la soirée serait bien Jean-Louis Borloo. Une vanne qui tombait à pic pour ses détracteurs, raillant sa présumée relation amicale avec le bordeaux et le bourgogne. La gaffe n'aurait pas pu tomber plus mal pour celui qui annonçait sa candidature à la présidentielle.

Il est 21 h 36 ce mardi 19 avril 2011 quand la présentatrice des informations de BFM-TV, une jeune et sympathique journaliste aux cheveux noirs et à la robe rouge, lance le reportage sur une manifestation culturelle en cours au musée du quai Branly, héritage culturel laissé par Jacques Chirac aux Français. Elle propose alors au public de regarder un intéressant reportage sur le « quai Branlé ». La direction du musée n'a pas réagi et le public non plus. Sauf moi, qui avais la télé allumée en écrivant le chapitre sur les gaffes de la presse dans un livre consacré à celles des puissants. Décidément, le hasard fait bien les choses !

Je n'aurais pas voulu être à la place de ma consœur...

IX

LES BOURDES ET NOTRE HISTOIRE

L'Amérique est fille d'une bourde...

Selon le conservateur Winston Churchill, Christophe Colomb a été « le premier socialiste » de l'histoire de l'humanité. La preuve ? « Il ne savait pas où il allait, il ignorait où il se trouvait et il faisait tout ça aux frais du contribuable. » La phrase légendaire du navigateur était moins politique que celle de Churchill, mais – tout compte fait – tout aussi ironique : *Buscar el levante por el poniente.* (« Rechercher l'Orient en passant par l'Occident. ») Il croyait arriver à l'Est et a finalement trouvé l'Ouest. Il voulait les Indes et a découvert les Caraïbes. L'expérience de Christophe Colomb démontre une vérité fondamentale : les bourdes peuvent être « créatrices ». Convaincu de la rotondité de la Terre, Galileo Galilei dit « Galilée » (1564-1642) osa affirmer qu'elle tournait autour du Soleil, ce qui provoqua sa condamnation. La vérité est parfois bien plus dangereuse que l'erreur.

... *et la nouvelle Europe aussi*

Il y a des gaffes qui contribuent à changer l'histoire, qui tombent vraiment au bon moment. On le voit si on se replonge dans la très particulière journée du 9 novembre 1989 : celle de la chute du mur de Berlin. Günter Schabowski est un homme de soixante ans, membre du Comité central et porte-parole officiel de la SED, le Parti communiste au pouvoir dans l'Allemagne de l'Est. En RDA, la tension est extrême. Un exode vers la RFA est en cours à travers le territoire de la Tchécoslovaquie. Si un phénomène de cette nature s'était produit quelques années plus tôt, l'URSS serait intervenue de tout son poids. Mais, cette fois, le pouvoir au Kremlin est entre les mains d'un Mikhaïl Gorbatchev qui refuse de devenir l'homme de la répression. Il laisse faire et la population de la RDA profite alors de ce vent de liberté. Le 4 novembre, un demi-million de personnes manifestent à Berlin-Est. Le 6, elles sont 300 000 à Leipzig. Le 7, le gouvernement démissionne et, le jour suivant, le Comité central de la SED se réunit en promettant des réformes. Mais le Mur est encore à sa place. Depuis août 1961, il coupe en deux la ville de Berlin, symbolisant la division de l'Europe tout entière. La vraie réforme serait de l'ouvrir à la libre circulation des personnes. C'est ce qui va arriver par hasard, suite à la gaffe historique, dans le vrai sens du terme, du bon camarade Günter.

Le 9 novembre, les journalistes présents à Berlin-Est sont invités à une conférence de presse programmée pour 18 heures et retransmise en direct à la télévision et à la radio est-allemande. Elle est tenue par Schabowski lui-même. La confusion se mêle à la tension. Exactement à l'inverse de ce qui s'est toujours passé pendant des décennies en RDA, tout a lieu dans l'improvisation. Au moment de commencer son intervention, Schabowski reçoit des notes qui résument la position du parti, telle qu'elle a été retravaillée par deux responsables du ministère de l'Intérieur et du ministère de la Sécurité d'État : au sujet de l'ouverture programmée de la frontière entre les deux Allemagnes, « les voyages à titre personnel vers l'étranger peuvent être entrepris sans conditions particulières » et « les autorisations seront données dans de brefs délais ». Tentant en vain d'expliquer clairement la nouvelle situation aux journalistes allemands et étrangers, Schabowski décide d'improviser à son tour.

Un journaliste italien, Riccardo Ehrmann, est arrivé à la dernière minute à la conférence de presse. Il est le correspondant en RDA de l'agence de presse italienne ANSA et connaît bien Gunther Potsche, directeur de l'agence de presse de la RDA, assez favorable au renouvellement politique et à l'ouverture du Mur. C'est lui qui, le 7 octobre, a donné à Ehrmann une information sensationnelle : le jour même, Erich Honecker, grand chef de la RDA, n'a pas accompagné Gorbatchev à l'aéroport à la fin de sa visite officielle en Allemagne de l'Est, chose inconcevable et gaffe monumentale qui, à un autre moment, aurait coûté cher à n'importe quel leader d'un État de la constellation soviétique. Cette gaffe serait restée secrète si, à l'intérieur même du pouvoir est-allemand, certains n'avaient pas été en train de travailler contre Honecker, permettant ainsi au correspondant de l'agence ANSA de faire un premier scoop depuis Berlin.

En ce 9 novembre 1989 donc, peu après 18 heures, Riccardo Ehrmann gare sa Fiat à l'extérieur de l'immeuble du ministère des Affaires étrangères après avoir cherché longtemps un parking. N'ayant pas trouvé de place dans la salle, il s'est assis sur une marche, près de la tribune des orateurs. À la nouvelle de l'ouverture de la frontière, il demande a Schabowski : *Wann tritt das in Kraft ?* (« À partir de quand ? ») Le porte-parole ne sait que répondre. Il semble rétrécir dans son costume gris. Schabowski met ses lunettes pour consulter les notes que le sommet du parti vient de lui faire parvenir. Un instant de suspense et il dit la phrase qu'il n'était alors pas autorisé à prononcer. La plus fantastique de toutes les gaffes : *Das tritt nach meiner Kenntnis : sofort.* (« Pour ce que j'en sais », et après une courte pause : « Maintenant. ») Puis il renchérit par un lapidaire : *Unverzüglich.* (« Immédiatement. ») Il est 19 h 57.

Tout de suite après, les rues de Berlin-Est se remplissent de monde qui veut passer à l'Ouest. Les gardes-frontière demandent des ordres. Personne ne prend la responsabilité de faire tirer sur la foule comme on l'aurait fait en tout autre moment. La gaffe de Schabowski a ouvert les vannes et personne ne peut plus les fermer. Près du Mur, quelqu'un reconnaît le journaliste de l'agence ANSA qui est alors porté en triomphe. Après sa retraite, le Florentin Ehrmann, fils d'une famille juive polonaise immigrée en Italie pendant les années 1920, est parti vivre à Madrid. Le destin de Schabowski quant à lui a été bien différent. Comme « écrasé » par les débris du Mur, il démissionne du Comité central et est exclu du parti en janvier 1990. Dans l'Allemagne réunifiée, il recommence à travailler comme journaliste puis, en 1997, est condamné à trois ans de prison pour homicide à la suite de poursuites des familles d'Allemands de l'Est ayant perdu la vie pour s'échapper à l'Ouest. Il ne sera gracié qu'en 2000.

La drôle d'interview du Kaiser

Restons en Allemagne, en utilisant la machine à remonter le temps.

Le 28 octobre 1908, le quotidien londonien *The Daily Telegraph* publie un scoop extraordinaire – gravé dans l'histoire mondiale du journalisme comme dans celle de la gaffe – grâce à une interview du Kaiser allemand Guillaume II (1859-1941). Le texte comporte une série impressionnante de gaffes de la part de l'empereur qui, pour rassurer le peuple d'Angleterre, fait enrager les Allemands. Le Kaiser y affirme avec regret que la plupart des Allemands sont antibritanniques, tandis que lui éprouve des sentiments de grande amitié à l'égard de Londres. On n'avait jamais vu un souverain se vanter autant de ne pas être sur la même longueur d'onde que ses sujets...

Pour nier toute intention belliqueuse vis-à-vis des Anglais, Guillaume II leur propose donc (par voie de presse !) de faire ensemble la guerre en Extrême-Orient, en prenant le Japon comme cible commune. Non content de prodiguer des leçons de géopolitique fumeuse, il essaie même de pousser Londres à se méfier de Paris. Immédiatement, dans l'Europe tout entière, on surnomme Guillaume II « le Kaiser de la gaffe ». Le pouvoir allemand a du mal à contrôler les protestations de sa propre presse. Mais Guillaume II continue de penser qu'il est un génie, incompris par son propre peuple.

Nemo propheta in patria : « Nul n'est prophète en son pays », disaient les Romains.

Cavour fait son cinéma

Les gaffes ont aussi pesé sur le processus de la réunification italienne, dont Cavour, né à Turin en 1810, a été le grand protagoniste avec Giuseppe Garibaldi, né à Nice en 1807. Dans les moments les plus dramatiques du « Risorgimento », deux gaffes, de natures bien différentes, ont fleuri dans la bouche d'une personnalité politique habituellement très calme, très attentive et très calculatrice comme Camillo Benso, comte de Cavour, Premier ministre du royaume de

Sardaigne, ayant pour capitale Turin et à sa tête la dynastie de Savoie.

Les troupes françaises sont intervenues en Italie en mai 1859 dans le but de combattre les Autrichiens, qui à cette époque possédaient la Lombardie et la Vénétie, exerçant ainsi une influence importante sur la quasi-totalité de la péninsule (à l'exception du royaume piémontais). Les noms des batailles de cette guerre – Palestro, Magenta, Solferino – sont inscrits sur les murs des villes françaises, en souvenir des dizaines de milliers d'hommes (en partie d'origine algérienne) qui ont laissé leur vie entre mai et juin 1859 sous les couleurs du drapeau tricolore.

Cavour sait parfaitement que son État ne peut raisonnablement gagner une guerre contre l'Empire autrichien. Il lui faut un allié, déterminé à envoyer au moins cent mille hommes pour combattre l'Autriche dans la plaine du Pô. La stratégie de Cavour est simple : amener la France à se battre contre Vienne comme alliée des Piémontais. En juillet 1858, l'empereur reçoit Cavour à Plombières pour négocier les conditions et le plan de la future guerre. Il s'engage à libérer Milan et Venise et pose trois conditions : la cession de Nice et de la Savoie à la France ; l'union entre la vieille dynastie savoyarde et la nouvelle dynastie des Bonaparte grâce au mariage de son cousin avec la jeune princesse de quinze ans, Clotilde, fille du roi Victor-Emmanuel II ; enfin, la déclaration de guerre de l'Autriche au Piémont, compte tenu que l'alliance franco-piémontaise est théoriquement « défensive ».

Au début de 1859, le traité franco-piémontais est signé, le mariage princier est célébré et tout paraît aller pour le mieux. Sauf l'essentiel : Vienne n'a aucune intention de déclarer la guerre au Piémont. Cavour multiplie les provocations vis-à-vis des Autrichiens. Il organise alors des unités de volontaires, confiées à Garibaldi et composées en bonne partie de réfugiés provenant de l'Italie autrichienne, déplace les troupes vers la frontière du Tessin, augmente les dépenses militaires, utilise la presse pour parler de révoltes qui se prépareraient dans une grande partie de la péninsule, dénonce les programmes de réarmement de l'Autriche sur le sol italien, etc. Rien n'y fait. Vienne n'attaque pas le Piémont. Pis encore : Napoléon III se laisse séduire par l'idée d'une conférence internationale entre les cinq grandes puissances (Angleterre, Autriche, France, Prusse, Russie) pour traiter la question italienne par le dialogue, la concertation et le compromis. Comme si on pouvait faire un compromis avec l'Autriche, une puissance habituée à avoir l'Italie à sa botte.

Cavour enrage. Il se précipite dans la capitale française et exige de parler à l'empereur. Il espère être rassuré au sujet de la non-convocation d'une conférence. Napoléon III a, depuis, perdu son enthousiasme à l'idée d'une guerre en Italie. Il craint les réactions du reste de l'Europe et de l'opinion publique française. L'empereur est inquiet pour sa paix, Cavour pour sa guerre. Le tête-à-tête entre les deux hommes a lieu le 26 mars 1859 dans une atmosphère tendue. Chacun campe sur ses positions. Trois jours plus tard, Cavour utilise l'arme politique de la gaffe pour lancer à Napoléon III un signal sans ambiguïté, qui, décrypté, signifie à peu près : « Si Paris ne me soutient pas dans mon travail pour provoquer la guerre, je suis prêt à remettre en cause devant l'Europe entière la crédibilité politique et morale de Votre Altesse et de ses engagements. »

Cavour n'est pas un gaffeur et sa bourde, sous sa vulgarité apparente, sonne davantage comme une menace. En montant dans le train qui doit l'amener de Paris à Lyon, pour lui permettre de revenir le plus rapidement possible à Turin, Cavour prononce alors à haute voix, afin que ses mots soient rapportés à l'intéressé : « L'empereur m'a quitté d'un air narquois. Je ne voudrais pas cependant qu'il se foute de nous ! » Compte tenu du langage diplomatique de l'époque, cette phrase est une provocation en règle. Mais Napoléon III ne changera pas son attitude. Le problème, pour Cavour, sera résolu par l'Autriche et son impériale arrogance : le 23 avril 1859, la veille de Pâques, Vienne lance au Piémont l'ultimatum dont Cavour rêvait, en lui donnant trois jours pour réduire ses troupes. Le 26 avril, il le rejette officiellement. C'est la guerre. Napoléon III ne peut que participer aux hostilités du côté de Turin.

La coalition franco-piémontaise gagne une bataille après l'autre. Mais le carnage de Solferino est un tournant. La monstruosité de la guerre apparaît à tous, en Italie comme en France et en Autriche. À partir du 24 juin, Napoléon III veut sortir de ce qu'il commence à considérer comme « le piège italien ».

Venise n'est pas conquise, mais tant pis : les Piémontais doivent se contenter de Milan. Le roi Victor-Emmanuel est entre la Lombardie et la Vénétie. Cavour se trouve à Turin.

Au lendemain de Solferino, Napoléon III dit à Victor-Emmanuel que la poursuite de la guerre constitue pour lui un danger. Il craint plusieurs issues négatives, y compris une attaque prussienne du côté du Rhin, tandis que le gros de ses forces est engagé en Italie. L'empereur souhaite rentrer en France avec son armée. Victor-Emmanuel ne dit rien à Cavour, qui apprend seulement le 8 juillet, grâce à son réseau personnel d'informateurs, que le général Fleury, premier écuyer de Napoléon, a été à Vérone dans le but de proposer l'armistice à l'empereur d'Autriche, François-Joseph. Le jour suivant, il reçoit la nouvelle que l'armistice est signé. Il veut Venise, se précipite pour traverser en train l'Italie du Nord et rejoindre le quartier général de son roi. Trop tard.

La rencontre entre les deux hommes se déroule en pleine nuit. C'est une bataille dont les échos se font entendre jusque dans les pièces voisines. Cavour accuse alors Victor-Emmanuel de lui avoir caché la situation réelle pendant plus de deux semaines. L'échange se termine par un dérapage, cette fois-ci spontané, d'un Cavour à bout de souffle : « Abdiquez, sire, abdiquez ! » Et Victor-Emmanuel de répondre : « Taisez-vous ! Rappelez-vous que je suis le roi ! » Ce à quoi Cavour rétorque : « Non, le vrai roi, en ce moment, c'est moi ! Le peuple me fait confiance ! — Vous le roi ? Vous n'êtes qu'un insolent. » Le souverain claque ensuite la porte, juste après s'être adressé au diplomate piémontais Costantino Nigra, bras droit de Cavour, en dialecte piémontais : *Nigra, ca lo mena a durmì*. (« Nigra, emmenez-le dormir. ») Cavour confirmera ensuite son intention de démissionner. Sa gaffe sonne davantage comme un cri de douleur face à l'impossibilité de réaliser un rêve auquel il avait choisi de consacrer son existence. Ses deux bourdes – la première bien calculée et la seconde terriblement spontanée dans sa violence et son absurdité – sont d'autant plus surprenantes que Cavour paraissait être un homme tranquille. Mais les apparences sont souvent trompeuses.

Cavour rentre à Turin, où Victor-Emmanuel et lui rencontreront quelques jours plus tard – séparément – Napoléon III, qui regagne Paris. L'empereur leur dit qu'il renonce à Nice et à la Savoie parce qu'il n'a pu tenir sa promesse de libérer la Vénétie en plus de la Lombardie. Mais dans une autre partie de la péninsule, l'Italie centrale, les hommes de Cavour organisent déjà les insurrections et l'annexion du Piémont. La nouvelle Italie est vraiment en train de naître. Le roi rappelle Cavour au pouvoir en janvier 1860 et Napoléon III exige désormais le respect des accords au sujet de Nice et de la Savoie. Le royaume d'Italie est proclamé en mars 1861. Cavour est fait Premier ministre, mais meurt trois mois plus tard à l'âge de cinquante-et-un ans. Le roi Victor-Emmanuel, qui lui doit beaucoup, ira le voir sur son lit de mort, mais ne participera pas à ses obsèques et interdira même à sa famille proche d'y assister. Une bourde royale, dont Cavour sera la victime au lendemain de son décès.

Un mauvais coup de chasse-mouches

L'histoire de la conquête coloniale européenne en Afrique et en Asie est semée de bévues commises par les responsables politiques des pays destinés à être assujettis. On parle de gaffes, de bourdes et de discours arrogants des empereurs de Chine ou de leurs représentants, qui auraient ainsi poussé les Occidentaux (surtout les Britanniques et les Français) à mener leurs conflits de conquête et de domination coloniales dans cette partie du monde.

Une bourde très célèbre est celle de Hussein Dey (né en 1765 à Izmir et décédé en 1838 à Alexandrie), le dernier des régents d'Alger dans la période de la domination de l'Empire ottoman sur ce territoire (1671-1830). La France du roi Charles X, souverain ayant bien des problèmes en politique intérieure, paria sur la conquête de l'Algérie, présentée comme un triomphe national et la justification de la bourde du dey. Le 30 avril 1827, celui-ci aurait touché le consul de France, Pierre Deval, avec son chasse-mouches. Ce geste a été présenté pendant presque deux siècles par bien des manuels d'histoire français comme l'insulte qui exigea l'occupation de l'Algérie à partir de 1830. Hussein Dey aimait quant à lui plutôt parler de la fierté algérienne et de l'impossibilité de mélanger selon lui les peuples algérien et tunisien :

« Faites bouillir dans une chaudière un Algérien et un Tunisien ; laissez reposer, et ils se sépareront. » Aujourd'hui, un tel discours ne serait certainement pas jugé « politiquement correct ».

De Gaulle et son « Je vous ai compris ! »

Faisant écho à cette maxime toute personnelle de Hussein Dey, Alain Peyrefitte, dans le premier volume de son *C'était de Gaulle*[1], décrit le contenu de son entrevue du 5 mars 1959 à l'Élysée avec le chef de l'État et met les mots suivants dans la bouche du Général : « Essayez d'intégrer de l'huile et du vinaigre. Agitez la bouteille. Au bout d'un moment, ils se sépareront de nouveau. Les Arabes sont des Arabes, les Français sont des Français. Vous croyez que le corps français peut absorber dix millions de musulmans, qui, demain, seront vingt millions et après-demain quarante ? Si nous faisions l'intégration, si tous les Arabes et les Berbères d'Algérie étaient considérés comme français, comment les empêcherait-on de venir s'installer en métropole, alors que le niveau de vie y est tellement plus élevé ? Mon village ne s'appellerait plus Colombey-les-Deux-Églises, mais Colombey-les-Deux-Mosquées ! » Ou encore : « C'est très bien qu'il y ait des Français jaunes, des Français noirs, des Français bruns. Ils

---

1. Éditions Fayard-de Fallois, 1994.

montrent que la France est ouverte à toutes les races et qu'elle a une vocation universelle. Mais à condition qu'ils restent une petite minorité. Sinon, la France ne serait plus la France. Nous sommes quand même avant tout un peuple européen de race blanche, de culture grecque et latine et de religion chrétienne. » En 1959, le président de la République critiquait certains de ses compatriotes, prêts à parler d'intégration des Arabes dans le but de garder l'Algérie sous l'autorité de Paris. C'est dans ce contexte qu'il clame : « Ceux qui prônent l'intégration ont une cervelle de colibri, même s'ils sont très savants ! » Relues à l'aune du XXIe siècle, les paroles de De Gaulle paraissent pour le moins choquantes.

Certaines de ses phrases, plus ou moins connues, me font aussi penser à des gaffes dans leur façon de banaliser la réalité en ciblant des catégories non plus raciales mais professionnelles, comme les généraux (« Au fond, [ils] me détestent. Je le leur rends bien. Tous des cons »), les diplomates (« [Ils] ne sont utiles que par beau temps. Dès qu'il pleut, ils se noient dans chaque goutte »). Sans oublier les fonctionnaires (« L'administration c'est mesquin, petit, tracassier », rejoignant ici Georges Clemenceau, selon qui « les fonctionnaires sont comme les livres d'une bibliothèque : ce sont les plus haut placés qui servent le moins »). Bref il y en a pour tout le monde. Quant au peuple, il a la fâcheuse tendance à « pantoufler » selon de Gaulle, qui oublie ainsi la présumée vocation de la France à la « grandeur » d'un nationalisme poussé à l'extrême : « Les Français sont des veaux » ;

« Les Français ne pensent qu'à bouffer et à augmenter leur niveau de vie. Le bifteck-pommes frites, c'est bon. La 4 CV, c'est utile. Mais tout cela ne constitue pas une ambition nationale. » À chacun de juger si certaines expressions ont ou non une composante risible. (« J'ai entendu vos points de vue. Ils ne rencontrent pas les miens. La décision est prise à l'unanimité », dit le général.) Autre citation de ce dernier : « Le gouvernement n'a pas de propositions à faire, mais des ordres à donner ! »

En 1962, un David monégasque osa défier le Goliath français ; le Général lui lança son célèbre : « Si Monaco nous emmerde, on fait un blocus ; rien de plus facile, il suffit de deux panneaux de sens interdit, un à Cap-d'Ail et un second à la sortie de Menton. »

Mais la plus fameuse « petite phrase » du Général nous ramène à la guerre d'Algérie. S'adressant à ceux qui se battaient pour l'Algérie française, qui s'opposaient à la tendance évidente de l'histoire, il leur assène : « Je vous ai compris ! » Mots qui ont été appliqués dans le sens exactement inverse à ce qu'ils laissent entendre. Malheureusement, à trop chercher à se différencier, on peut aussi aborder le terrain glissant des phrases qui restent dans l'histoire. Comme la triste et impressionnante expression que de Gaulle a employée face à des centaines de journalistes du monde entier lors de sa conférence de presse du 27 novembre 1967 à l'Élysée : « Les Juifs, jusqu'alors dispersés et qui étaient restés ce qu'ils avaient été de tout temps, c'est-à-dire un peuple d'élite, sûr de lui-même et dominateur... » Cette sinistre expression ferait l'objet de bien des polémiques dans la France du XXIe siècle.

Une France qui a pris une leçon du Général : au nom de la grandeur (vraie ou présumée), on a le droit de maquiller sa propre histoire. Vive l'histoire à la Christian Dior ! Et « Vive le Québec libre ! », comme l'a dit de Gaulle dans son discours du 24 juillet 1967 à Montréal, oubliant que, dans les pays démocratiques comme le Canada, les peuples ont les moyens légaux pour affirmer leur liberté sans avoir besoin de propagande paternaliste émanant de puissances extérieures.

Terminons par une gaffe inconnue et fort sympathique du général de Gaulle, qui m'a été rapportée par un important diplomate désormais à la retraite. Le 16 juillet 1965, la France et l'Italie inaugurent le tunnel sous le mont Blanc. En vue de la cérémonie, le Quai d'Orsay a envoyé à l'Élysée une proposition de texte de discours officiel. De Gaulle s'y plie à l'exception d'un point. Le texte original parlait de « sœurs latines » au sujet de la relation franco-italienne, mais le Général lui préféra l'expression « cousines latines ». Beaucoup plus tard, les deux diplomates ayant eu la responsabilité de la cérémonie pour les deux pays se sont rencontrés par hasard. L'Italien, qui était au courant du changement opéré par le chef d'État dans le texte original, a demandé au Français la raison de cette initiative. Elle est la suivante : si l'on parle de « sœurs latines », on provoque le désir implicite de connaître qui est l'aînée. Mieux vaut parler de cousines : cela permet de rester dans la même famille sans provoquer de compétition.

Marchais globalement féministe

« J'étais en Corse avec ma femme, devant la télévision, et quand j'ai entendu François Mitterrand refuser de s'engager sur l'existence d'une défense nationale indépendante, j'ai dit à ma femme : "François Mitterrand a décidé d'abandonner le Programme commun de la gauche. Fais les valises ! On rentre à Paris !" Et nous sommes rentrés à Paris. » Cette phrase a été prononcée par Georges Marchais, secrétaire général du Parti communiste français de 1972 à 1994. Le Programme commun dont il parle avait été signé en 1972 et était en train de tourner clairement à l'avantage du parti de Mitterrand, qui se renforçait élection après élection. À l'été 1977, Marchais décide la rupture et explique ce choix comme la conséquence des nouvelles orientations politiques des socialistes sur le terrain de la défense nationale.

Revenons à l'explication que Georges Marchais donne publiquement, à la télévision française, de son choix de rompre l'alliance. Il raconte avoir dit à sa femme : « Fais les valises ! On rentre à Paris ! » Peu importe que son épouse ait eu ou non envie de rester en Corse, où elle avait aussi droit à des vacances sans doute bien méritées.

Le chef ne la consulte pas. Il lui donne tout simplement ses instructions sans imaginer qu'elle puisse émettre son propre souhait. Quant aux valises, le leader – en vacances –, qui plus est d'un grand parti qui se considère comme profondément « progressiste », n'imagine pas un seul instant les préparer lui-même. La gaffe est terriblement révélatrice : en utilisant les termes en question pour expliquer son comportement, Marchais montre – de façon presque candide – à quel point la nature solitaire et machiste du pouvoir peut s'infiltrer dans les mœurs de forces politiques qui se considèrent pourtant comme garantes du changement social. La « gaffe des valises » nous aide à comprendre pourquoi, une trentaine d'années plus tôt, le Front populaire a donné en 1936 les congés payés au peuple, niant au passage le droit de vote aux femmes : il fallait que celles-ci bouclent les valises sans se laisser distraire par la tentation de l'isoloir.

On ne saura probablement jamais avec certitude dans quelle mesure les pressions de Moscou ont influé sur le choix solitaire de Georges Marchais de rompre l'alliance de gauche en 1977, après le bon résultat obtenu par le candidat commun François Mitterrand à la présidentielle de 1974 et à la veille des législatives de 1978. Moscou voyait probablement d'un très mauvais œil le risque de virage « à l'italienne » du PCF à travers un socialisme occidental, le Kremlin préférant cultiver ses relations diplomatiques avec une France dirigée par Giscard plutôt que par Mitterrand.

Le cru 1979-1980 des gaffes de Georges Marchais montre clairement une tendance pour le PCF à retourner dans l'orbite soviétique. En 1979, il qualifie à plusieurs reprises de « globalement positif » le bilan de l'Union soviétique et de ses pays satellites. L'expression exacte utilisée face aux caméras est : « Ces congrès ont considéré le bilan des pays socialistes comme globalement positif. » Or, on est en 1979, pas en 1935. En Occident, pourtant, on connaît désormais fort bien la réalité de ce qui se passe au-delà du rideau de fer. La phrase de Marchais résonne donc comme une vaine tentative de maquiller de façon un peu grotesque les tragédies qui se sont déroulées sous les yeux du monde entier.

Le 27 décembre 1979, les troupes soviétiques envahissent l'Afghanistan, pays qui ne faisait nullement partie de la sphère d'influence de Moscou. Plusieurs partis communistes occidentaux – à commencer par celui qui possède alors le plus d'électeurs : le Parti communiste italien – condamnent de façon assez dure l'initiative du Kremlin. Georges Marchais se rend à Moscou en voyage officiel en janvier 1980 et, depuis la capitale soviétique, commet l'erreur de défendre l'intervention militaire en Afghanistan, décrivant aux Français une Armée rouge plus caritative et bénévole que militaire et offensive. Il intervient en direct à la télévision française depuis la capitale moscovite : « Voilà ce que m'a dit le camarade Léonid Brejnev : les troupes soviétiques ont comme mandat de ne pas intervenir dans les combats intérieurs en Afghanistan. » Donc elles doivent être en voyage touristique... Le prix politique de cette bourde, devenue bientôt évidente avec l'occupation militaire soviétique de l'Afghanistan, sera élevé pour Marchais et son parti. Car Georges Marchais a souvent payé le prix de ses gaffes.

Le terrain privilégié des dernières gaffes de Marchais a été la télévision. Quand François Mitterrand entre à l'Élysée, la carrière de ce communicant-né décline définitivement suite à ses querelles de 1980, ayant répliqué notamment à Jean-Pierre Elkabbach : « Vous n'arrivez pas à vous mettre dans votre petite tête que moi aussi j'ai un cerveau. » Les « petites phrases » célèbres, telles que « Taisez-vous Elkabbach ! » et « Je veux répondre à mes questions et pas à vos demandes », appartiennent désormais au folklore télévisuel. Georges Marchais nous laisse en héritage certaines sentences involontairement drôles, comme celle-ci, prononcée en 1981 : « Nous autres communistes, nous n'avons pas changé ! Nous ne changerons pas ! Nous sommes pour le changement ! »

Vivre avec les gaffes

Les gaffes, il en existe de toutes sortes : il y a les bonnes et les mauvaises, les sympathiques et les méchantes, les utiles et les dégoûtantes. Tous ceux qui vivent dans une situation de tension psychique risquent constamment de tomber dedans, et cela vaut en particulier pour les politiques, dont les paroles sont sans cesse mises en lumière. Du point de vue du citoyen normal, la gaffe des représentants institutionnels est une manière de comprendre le caractère de ces derniers, bien au-delà de ce que l'intéressé souhaite laisser paraître. Encore faut-il considérer que, dans notre société de communication, la gaffe devient à son tour un instrument politique. Il y a donc aussi les fausses gaffes, construites de toutes pièces dans l'espoir de se rendre sympathique ou de détourner l'attention de la presse d'un sujet particulièrement gênant. Nos dirigeants sont capables de tout...

Face à certaines bourdes politiciennes, le citoyen lambda peut saisir l'occasion de mener une réflexion plus complexe. La gaffe est comme le trou d'une serrure par laquelle il est possible d'observer les méandres de l'esprit de ceux qui nous représentent dans le contexte de nos institutions démocratiques. Les gaffes des politiques apparaissent souvent comme une bouffée d'oxygène pour un peuple assoiffé de démocratie mais parfois prêt à se contenter d'un sourire. Comme celui que les Français ont pu s'autoriser en 1975 grâce au député gaulliste Robert-André Vivien, qui a cru être de bon conseil au gouvernement en disant au palais Bourbon : « Enfin, Monsieur le ministre, durcissez votre sexe !... Heu, pardon, votre texte. » Ou comme celui provoqué, le 21 juin 2011, par le ministre de l'Intérieur Claude Guéant, qui, prenant la parole à la tribune de l'Assemblée nationale à propos des « primaires » socialistes, s'interroge sur la conformité de ces élections internes avec le « gode électoral », voulant bien sûr parler du « code électoral ». Voilà un gadget qui pourrait faire des merveilles...

Table des matières

Préface 7

I

UNE FARANDOLE TRÈS FREUDIENNE

Rachida Dati et le danger de l'inflation 17
Les « empreintes » d'Hortefeux 20
Un avril plein de poissons 22
On se trompe de Premier ministre 25
Il n'y a pas de rose sans gaffes 27
Trichet et les ailes du désir 28

II

UNE DIPLOMATIE
BIEN PEU DIPLOMATIQUE

L'important est de dire le contraire 33
La « botte finale » du camarade
    Khrouchtchev 35

Un discours n'en vaut pas un autre 39
« ¿ *Por qué no te callas* ? » 42
Les multiples visages d'Oussama 44
Le piège des hymnes nationaux 47
Quand un ministre frôle la catastrophe 50
L'Italie à la porte du Louvre 55
Le G8 sur le pont du *Titanic* 57
La religion face à l'« origine du monde » 59
France-Tunisie, la saison des gaffes 61

III

BERLUSCONI ET L'INSOUTENABLE LÉGÈRETÉ DE L'ÊTRE

Symbiose parfaite 67
« 200 millions pour acheter des juges » 72
Baisemain à Kadhafi 76
Le mythe et le rite de la *barzelletta* 79
Pirouettes mal maîtrisées 82
Le *bunga bunga* 84
« La nièce de Moubarak » 86
D'Obama à la reine Élisabeth 90

IV

SO BRITISH !

Philip, King of Gaffes 95
Quand Harry s'habille en nazi 100
La ménagère non apprivoisée 101

TABLE DES MATIÈRES

V

L'HERBE LAPSUS AU JARDIN DE LA MAISON-BLANCHE

Reagan entre silences et bombes 107
George W. Bush et les « bushismes » 113
Dan l'« inoubliable » 118
Obama et la Maison hantée 120
Le savoureux « tea party »
 de Michele Bachmann 126

VI

TOUR DU MONDE

Afrique du Sud 129
Allemagne 130
Belgique 133
Brésil 135
Espagne 137
Japon.. 138
Nouvelle-Zélande 139
Philippines 140
Russie 141
Vatican 143

VII

DE CHIRAC À SARKOZY : ENTRE CONTINUITÉ ET RUPTURES

Couscous aux boulettes 147
L'occasion de se taire 149
Un « off » de trop 151
Le complexe de l'Allemagne 152
Don't cry for me Angelina ! 155
Les gaffes de l'avant-Carla 156
Les gaffes de l'après-Carla 159

VIII

CANARDS, TÉLÉS ET PEAUX DE BANANES

IX

LES BOURDES ET NOTRE HISTOIRE

L'Amérique est fille d'une bourde… 171
… et la nouvelle Europe aussi 172
La drôle d'interview du Kaiser 175
Cavour fait son cinéma 176
Un mauvais coup de chasse-mouches 182
De Gaulle et son « Je vous ai compris ! » 183
Marchais globalement féministe 187
Vivre avec les gaffes 190

*Cet ouvrage a été imprimé
par CPI Firmin-Didot
Mesnil-sur-l'Estrée
pour le compte des Éditions Fayard
en septembre 2011*

*Photocomposition Nord Compo
Villeneuve-d'Ascq*

Dépôt légal ; septembre 2011
N° d'édition : 36-57-2670-2/01 - N° d'impression : 107097
Imprimé en France

Pour l'éditeur, le principe est d'utiliser des papiers composés de fibres naturelles, renouvelables, recyclables et fabriquées à partir de bois issu de forêts qui adoptent un système d'aménagement durable.
En outre, l'éditeur attend de ses fournisseurs de papier qu'ils s'inscrivent dans une démarche de certification environnementale reconnue.